AF145982

Christoph Schweiger

DER TEMPLERORDEN

Mythos & Realität

Bibliografische Information der Deutschen Nationalbibliothek:
Die Deutsche Nationalbibliothek verzeichnet diese Publikation in
der Deutschen Nationalbibliografie; detaillierte bibliografische
Daten sind im Internet über http://dnb.dnb.de abrufbar.

Christoph Schweiger
DER TEMPLERORDEN
Mythos & Realität

Bearbeitete 2. Auflage
© *2016 Christoph Schweiger*

Herstellung und Verlag: BoD – Books on Demand, Norderstedt

ISBN: 978-3-7392-4177-7

INHALT

1. Vorwort

„Der größte Feind der Wahrheit ist nicht die Lüge,
sondern der Mythos" [1] *- John F. Kennedy -*

Obwohl der Orden „Zur Armen Ritterschaft Christi und des salomonischen Tempels zu Jerusalem" schon im 14. Jahrhundert vom Papst für aufgelöst erklärt wurde, halten sich bis in moderne Darstellungen und Publikationen über den Templerorden nicht nur hartnäckige Gerüchte, sondern auch historische Unwahrheiten. Diese werden aber leider in zahlreichen Publikationen als historische Tatsachen verkauft.

Vielleicht liegt es an der Faszination des Untergangs einer großen und durchaus mächtigen Organisation, wie jener des Templerordens, die Menschen dazu bringt, nach einem höheren Grund zu suchen, weshalb es zu einem solch abrupten Ende gekommen ist. Die historischen Fakten scheinen nicht ausreichend, zu unbefriedigend zu sein. Dass die Auflösung des Ordens mit jenen zwei Faktoren eng verknüpft war, die durch die Geschichte hindurch immer von besonderer Bedeutung waren, nämlich Geld und Macht, scheint als Erklärung zu einfach zu sein. Die Begründung, dass es hauptsächlich der Konflikt mit der französischen Krone war, der den Orden an sein Ende brachte, ist für viele Menschen unzureichend. Es scheint, als wollte und will man die Tatsachen einfach nicht akzeptieren.

---

[1] http://www.zitate.eu/de/zitate?zitat_text=Mythos&autor_name=Kennedy&thema_id= (05. 09. 2012).

So erklärt sich auch die Vielzahl an Mythen und Legenden über den Templerorden, die sich im Grunde seit dem Templerprozess entwickelten und vor allem im 18. Jahrhundert den Höhepunkt ihrer Popularität erreichten. Man hebt die Templer in diesen Mythen in eine Ebene, in der sie sich tatsächlich nie befunden haben. Man bringt den Orden in Verbindung mit geheimen Organisationen, mit okkulten Praktiken, mit geheimem Wissen über die Welt oder auch mit sagenhaften Reichtümern.

Auch heute erfreut sich der Kult um die Tempelritter großer Beliebtheit. In Zeiten der weltweiten Vernetzung durch das Internet findet man zahllose Websites, mitunter auch mit äußerst fragwürdigen Theorien. Selbst Fernsehberichte, die vermeintlich seriöse Aufarbeitung betreiben, kommen stets auf die mythische Seite der Templergeschichte. Die Suche nach dem Templerschatz, in dem sich unter anderem der Heilige Gral, die Bundeslade, aber auch heute ausgestellte Schätze, wie das Grabtuch von Turin oder die Heilige Lanze, befunden haben sollen, ist fixer Bestandteil in beinahe jedem Bericht.

Man bringt die Templer außerdem oft in Verbindung mit der Freimaurerei. So wären viele Brüder des Ordens nach der Auflösung nach Schottland und von dort nach Amerika geflüchtet und hätten später die Organisation der Freimaurer begründet. Dass jene Brüder, die nicht angeklagt und mit dem Tode bestraft wurden, zum Orden der Johanniter übertraten, ebenso wie der Großteil des Templerbesitzes, wird praktisch nie erwähnt. Man verkauft lieber die Lüge, dass die großen Besitzungen versteckt wurden und bis heute auf ihre Entdecker warten, als Tatsache. Solche Geschichten regten von Anfang an auch Schriftsteller an und tun dies bis heute. In jüngerer Vergangenheit kombinierte der amerikanische Autor Dan Brown in seinem Bestseller „*Sakrileg. Der Da-Vinci-Code*" die Templer mit der Gralslegende und diversen Verschwörungstheorien. Der Italiener Umberto Eco machte sich mit seinem Roman „*Das Foucaultsche Pendel*" daran, die Trugbilder um die Templer in eine Weltverschwörung zu führen und spielt zudem mit den fantastischen Theorien, die von vielen selbsternannten Templerforschern aufgestellt werden.

Bis heute machen sich Gruppen und Personen den Templermythos für ihre zum Teil kruden Ideen zu eigen. Anfang des 20. Jahrhunderts entstand beispielsweise in Österreich ein rassistischer Neutempler-Orden, der Verbindungen zum Nationalsozialismus unterhielt. In den Jahren 1994 und 1995 wurden in der Schweiz, in Frankreich und in Kanada rund 70 tote Sektenmitglieder gefunden, die offensichtlich in Gruppen ermordet wurden oder Selbstmord begangen hatten.[2] Auch heute gibt es in Österreich eine solche neue Organisation, die unter dem Namen der Templer agiert. Dieser neue „Orden" beschäftigt sich hauptsächlich mit karitativen Aufgaben.

In diesem Buch sollen die historisch belegbaren Fakten hinter einigen der bekanntesten Mythen, die mit den Templern in Zusammenhang gebracht werden, beleuch-

---

[2] Peter Dinzelbacher, Ein geheimnisumwitterter Orden? Die Templer. (Freiburg i.B., 2002) S. 143.

tet und auf ihren Wahrheitsgehalt überprüft werden. Zu diesem Zweck wird es notwendig sein, zu Beginn die chronologische Entwicklung des Ordens zu skizzieren, um einen Einblick auf die wahre Historie der Templer zu haben.

> *„Aber bald entdeckte ich, dass von dem Moment an, da sie verbrannt worden waren, eine Schar von Mysterienjägern anfing, überall nach ihnen zu suchen und zu behaupten, sie existierten noch weiter, ohne je einen Beweis vorzulegen. Dieser visionäre Exzess beleidigte meine Ungläubigkeit, und so beschloss ich, keine Zeit mit diesen Mysterienjägern zu verlieren, sondern mich allein an die zeitgenössischen Quellen zu halten."* [3]

---

[3] Umberto Eco, Das Foucaultsche Pendel. 21. Aufl. (München, 2012) S.69.

2. Die Geschichte des Templerordens

2.1 Der Erste Kreuzzug

Am 27. November des Jahres 1095 rief Papst Urban II. auf dem Konzil von Clermont zum Krieg gegen die Unterdrückung der Christen im Osten auf. Er versprach jenen, die das „Kreuz nehmen" würden, für all ihre Sünden Nachlass.[4] Urbans Rede, die auf offenem Felde vor der Stadt stattgefunden haben soll, wurde mit einem wahren Begeisterungssturm von der anwesenden Menschenmenge aufgenommen. Zum Zeichen ihres Gelübdes befestigten sie Stoffkreuze an ihrer Kleidung und proklamierten den später vielzitierten Ausspruch: *„Deus lo vult"* – *„Gott will es"*. Der Kreuzzugsgedanke war geboren und fand rasend schnell Anklang.

Der Aufruf zum Krieg war durchaus ein Novum in der Geschichte der Kirche. Krieg blieb grundsätzlich, als Folge der Erbsünde, negativ behaftet, doch wurde die Existenz eines *bellum iustum*, eines *gerechten Krieges,* angenommen. Nach dem Kirchenvater Augustinus mussten für einen solchen *gerechten Krieg* vier Voraussetzungen erfüllt werden. Eine legitime Autorität sollte den Krieg erklären, ein gerechter Grund musste vorliegen, es musste sich um eine Bestrafung einer Ungerechtigkeit handeln und es musste sichergestellt sein, dass es keine andere Möglichkeit gab, sich zu einigen.[5] Der *gerechte Krieg* sollte nur der Erlangung des Friedens dienen.[6] Somit durfte auch ein gläubiger Christ zu den Waffen

---

[4] Peter Thorau, Die Kreuzzüge. (München, 2004) S. 27.
[5] Jürgen Sarnowsky, Die Templer. (München, 2009) S. 11.
[6] Peter Thorau, Die Kreuzzüge. (München, 2004) S. 29.

greifen, wenn nur die Grundvoraussetzungen passend waren. Bernhard von Clairvaux äußerte sich dazu wie folgt:

> *„Wenn er einen Missetäter umbringt, ist er kein Mörder, sondern, wenn ich so sagen darf, ein Übel-Töter. Er rächt Christus an denen, die Böses tun; er verteidigt die Christen. Wenn er selbst stirbt, geht er nicht zugrunde, er gelangt an sein Ziel. Der Tod, den er zufügt, kommt Christen zugute, der ihm zugefügte ihm selbst."*[7]

Im Falle des Kreuzzuges wurde folglich auch auf den Grundgedanken des *gerechten Krieges* zurückgegriffen. Denn welcher Grund wäre denn gerechter gewesen als die Befreiung der unterdrückten Christenheit im Osten? Die Tatsache, dass die folgenden Kreuzzüge keineswegs zum Frieden beitrugen, muss hier wohl kaum erwähnt werden. In drei Wellen sollte sich das Heer in Richtung des Heiligen Landes aufmachen. 1096 traf man in Konstantinopel ein und besiegte die Seldschuken, bevor man im Oktober 1097 in Antiochia ankam. Trotz Streitigkeiten innerhalb des Heeres und anderer Rückschläge erreichte man Jerusalem und konnte die Stadt am 15. Juli 1099 nach erfolgreicher Belagerung einnehmen. Es entstanden vier Kreuzfahrerstaaten.

Das Königreich Jerusalem, die Grafschaften Tripolis und Edessa sowie das Fürstentum Antiochia. Dieser Erfolg der ersten Kreuzfahrer hatte einen starken Pilgerstrom zur Folge.

---

[7] Alain Demurger, Die Templer. Aufstieg und Untergang. 1120-1314.(München, 2007) S. 29.

2.2 Die Gründung des Ordens

Die Gründung des Templerordens wird in der Literatur meist auf das Jahr 1119 oder das Jahr 1120 datiert. Über die Anfänge des Ordens ist uns tatsächlich aber nur sehr wenig bekannt. Dies rührt hauptsächlich daher, dass die meisten Quellen, die sich mit der frühen Phase beschäftigen, meist erst viel später entstanden, als der Orden schon groß und mächtig war.

Der Anlass für die Gründung dieses ersten christlichen Ritterordens war wohl die immer größer werdende Notwendigkeit, eine Schutzinstitution für die Pilger im Heiligen Land zu schaffen. Zahlreiche Pilger wurden auf ihrer Reise zu den heiligen Stätten von islamischen Räubern überfallen und ausgeraubt. So kam es zu Ostern des Jahres 1119 beispielsweise zu einem Überfall auf eine Gruppe von rund 700 Pilgern, bei dem 300 Christen ihr Leben ließen und um die 60 in Gefangenschaft gerieten.[8] Die Gründung des Ordens war somit wohl eine Antwort auf die aktuellen Problematiken, die sich im Heiligen Land ergaben. In jüngerer Vergangenheit wurde angenommen, dass sich drei Institutionen die Aufgaben teilten, die es in den Kreuzfahrerstaaten zu erledigen galt. Als Erstes seien hier die Chorherren vom Heiligen Grab zu nennen, die für die Seelsorge zuständig waren. Als Zweites die Johanniter, die für das körperliche Wohl der Pilger verantwortlich zeigten und schließlich der Templerorden, der für die Sicherheit auf den Pilgerwegen sorgen sollte.[9]

---

[8] Jürgen Sarnowsky, Die Templer. (München, 2009) S. 16.
[9] Ebd. S. 18f.

Die Frage nach dem genauen Gründungszeitpunkt, ist schwierig zu beantworten. Die Ordensregel besagt, dass das Konzil von Troyes, auf welchem die Regel verfasst wurde, an St. Hilarius (also am 13. Jänner) des Jahres 1128, im neunten Jahr nach der Gründung, zusammentrat. Daraus ließe sich auf das Jahr 1119 als Gründungsjahr schließen.[10] Es gibt aber noch einen anderen Ansatz, der berücksichtigt werden sollte. Die Urkunden im Südfrankreich der damaligen Zeit wurden nicht wie in unserem Kalender datiert, sondern orientierten sich nach dem Datum von Mariä Verkündigung. Somit begann das Jahr erst am 25. März. Dementsprechend fand das Konzil von Troyes nach unserer Zeitrechnung am 13. Jänner des Jahres 1129 statt. Folglich muss die Gründung zwischen dem 14. Jänner 1120 und dem 11. Jänner 1121 erfolgt sein.[11]

Der Erzbischof Wilhelm von Tyr nennt in seiner Chronik „*Historia rerum in partibus transmarinis gestarum*", welche die Zeit der Kreuzzüge behandelt, zwei Männer, die den Aufbau des Ordens unmittelbar nach der Gründung vorantrieben: Hugo von Payns und Gottfried von Saint-Omer. Er schreibt, am Anfang sei das Leben im Orden von finanziellen und auch persönlichen Engpässen geprägt gewesen.[12] Der Name einer „*Armen Ritterschaft Christi und des salomonischen Tempels zu Jerusalem*", den der Orden trug, leitet sich von einer der ersten Schenkungen ab, die den Brüdern zuteil wurde. Sie erhielten

---

[10] Alain Demurger, Die Templer. Aufstieg und Untergang. 1120-1314. (München, 2007) S. 23.
[11] Ebd. S. 24.
[12] Jürgen Sarnowsky, Die Templer. (München, 2009) S. 20.

von Balduin II., König von Jerusalem, Räumlichkeiten seines Palastes im alten Tempel Salomons, der heutigen al-Aqsa Moschee. Der Tempelberg in Jerusalem war bis ins Jahr 1187 das administrative Herz des Templerordens, das durch Zubauten im Umfeld ausgebaut wurde.

2.3 Kritik und Privilegien

Anfangs stand man dem neu entstandenen Orden äußerst kritisch gegenüber. Die neue Synthese aus Rittertum und Mönchtum war für viele ein Bruch mit der von Gott gegebenen Ordnung. Die Dreiteilung der mittelalterlichen Gesellschaft in *laboratores* (Arbeitende), *bellatores* (Kämpfende) und *oratores* (Betende) wurde durch den neuen Typus des geistlichen Ritterordens durcheinander gebracht. Die Ritterschaft war bislang in dieser Ordnung hinter dem Mönchtum gestellt gewesen. Der Zisterzienser Isaac von Étoile bezeichnete die neue Ritterschaft sogar als ein *„Ungeheuer, das Ungläubige mit Gewalt zum Glauben bringen wolle, sie dafür aber beraube und schlachte.“*[13]

Das Ansehen des Templerordens änderte sich erst, nachdem Bernhard von Clairvaux seine Schrift: *„Über das Lob der neuen Ritterschaft‘* – *„De laude novae militia“* verfasste, die eine Rechtfertigung des neuen Ordenstypus darstellte. Inwiefern diese Abhandlung die Entwicklung des Ordens förderte, ist heute nicht mehr genau festzustellen. Nach der Veröffentlichung begann jedenfalls der Aufschwung der Templer. Mit dieser kleinen Schrift gelang es ihm, das Kreuzzugsideal im Allgemei-

---

[13] Jürgen Sarnowsky, Die Templer. (München, 2009) S. 23.

nen und die Berufung der Templer im Besonderen in revolutionärer Weise zu vermitteln. Obwohl Bernhard die Ritterschaft und auch den Templerorden als „minderer" im Vergleich zum normalen Mönchsleben sieht, erkennt er doch den hohen Wert der neuen Gründung für Welt und Kirche.[14]

Der ganz große Aufstieg wurde durch die Bulle „*Omne datum optimum*" von Papst Innozenz II. im Jahr 1139 vorangetrieben. In dieser Bulle wurden den Templern viele Privilegien zugestanden. So wurde ihnen beispielsweise gestattet, in den Kampfhandlungen Beute zu machen und diese anschließend auch zu behalten.

Die von Meister und Brüdern gemeinsam aufgestellten Ordensregeln durften von keiner weltlichen oder geistlichen Person abgeändert oder verkürzt werden. Lediglich der Meister durfte Änderungen mit der Zustimmung des größeren Teils seines Kapitels vornehmen.

Von den beweglichen und unbeweglichen Gütern des Ordens durfte gegen den Willen des Ordens nicht der Zehent verlangt werden, weil die Templer „Verteidiger der Kirche" seien und sich daher auch von den Besitzungen der Kirche erhalten mussten. Der Bau eigener Kirchen wurde gestattet. Die Bulle schließt mit der Mahnung, sollte gegen diese Privilegien zuwider gehandelt werden, so verlöre man all seine Privilegien und werde mit der Exkommunikation bestraft. Jene hingegen, die die Vorgaben der Bulle erfüllen, würden der Gnade und des Segens Gottes und der Apostel teil-

---

[14] http://www.templerlexikon.uni-hamburg.de/ (aufgerufen am 09.07.2012).

haftig werden.[15] Ihr Besitz und der Orden selbst standen fortan unter dem Schutzmantel des Papstes. Durch zwei weitere Privilegien, die durch die Päpste Coelestin II. und Eugen III. in den Jahren 1144 bzw. 1145 erlassen wurden, wurden diese Privilegien noch zusätzlich ergänzt. Diese Privilegien, wie beispielsweise die Befreiung von der Abgabe des Zehent oder die Selbstorganisation, waren entscheidende Faktoren für die wirtschaftliche Entwicklung des Templerordens.[16]

Wichtig waren auch die großzügigen Schenkungen, die der Orden erhielt. Doch trotz der Schenkungen und Erwerbungen im Heiligen Land blieb Europa, hauptsächlich Nordfrankreich, die Basis für den Orden. Im östlichen Mitteleuropa wurden ab dem dritten Kreuzzug die meisten Schenkungen an die Templer gemacht. Ab diesem Zeitpunkt war man im gesamten lateinischen Europa präsent.[17]

---

[15] http://www.templerlexikon.uni-hamburg.de/ (aufgerufen am 09.07.2012).
[16] Jürgen Sarnowsky, Die Templer. (München, 2009) S. 33.
[17] Ebd. S. 52.

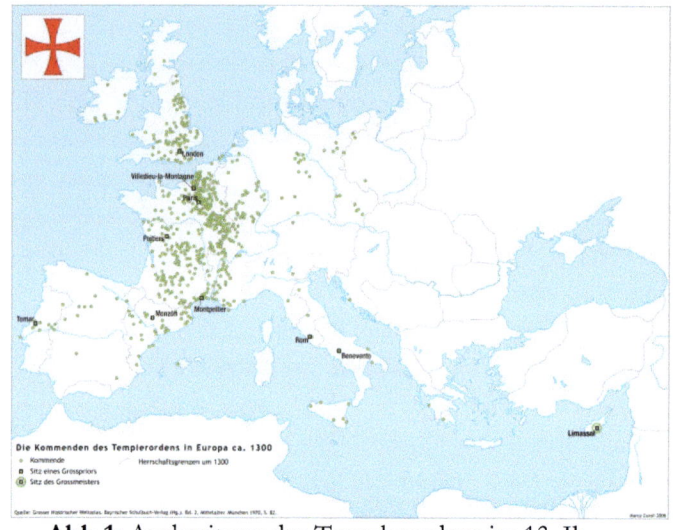

Abb.1: Ausbreitung des Templerordens im 13. Jh.

2.4 Hierarchie und Alltagsleben

Die hierarchische Organisation der Templer war geteilt. An der Spitze stand der Meister oder Großmeister. Er war trotz des Gehorsamsgelübdes, das die Ordensmitglieder während ihrer Aufnahme in den Orden abzulegen hatten, kein absoluter Souverän. Mehrere Regeln beschnitten seine Macht. Die Großmeister reisten durch den lateinischen Westen und Osten, trafen Könige und Päpste und bemühten sich um neue Kontakte und Besitzungen. Sie waren es auch, die die Kampftruppen der Templer innerhalb des Kreuzfahrerheeres in die Schlacht führten.[18]

---

[18] Jürgen Sarnowsky, Die Templer. (München, 2009) S. 62.

Der Meister hatte das Recht auf ein persönliches Gefolge, das einen Kaplan, einen Notar, einen Servienten, einen Knecht, einen arabisch-kundigen Schreiber, einen Turkopolen (Reiter), einen Schmied, einen Koch und zwei Knappen zu Fuß umfasste. Außerdem begleiteten ihn zwei Ritter, die als seine Berater fungierten.

Im Orient hatte er den Seneschall direkt unter sich, der als Stellvertreter im Falle seiner Abwesenheit diente. In der Hierarchie folgten weitere Würdenträger des Ordens. Erstens der Marschall, der die Aufsicht über das Kriegswesen hatte, zweitens der Komtur, ein Ordensmitglied, welches die Verantwortung für eine Niederlassung und die damit in Verbindung stehenden Besitzungen übertragen bekommen hatte. Sein Sitz war die Komturei, die aus mehreren Ordenshäusern und Ländereien bestehen konnte.

Sie war somit eine Mischung aus Konvent, Kaserne und Bauernhof.[19] Schließlich folgte in der Hierarchie der Drapier, der als Leiter der Verwaltung fungierte. Die Komture des Königreichs Jerusalem, der Stadt Jerusalem, von Antiochia und Tripolis bildeten zusammen mit dem Drapier den *Rat* oder das sogenannte *Kapitel des Meisters*.

Jede Provinz im Okzident hatte einen eigenen Visitator, der vom Meister selbst ernannt wurde, und der das regelgemäße Leben der Brüder überprüfte. Provinzmeister leiteten die einzelnen Ordensprovinzen, die wiederum in Unterprovinzen unterteilt waren.

---

[19] Alain Demurger, Die Templer. Aufstieg und Untergang. 1120-1314. (München, 2007) S. 167.

Unter dem direkten Befehl der Provinzmeister standen die Komture der einzelnen Ordenshäuser. Zu verschiedenen Gelegenheiten versammelte sich das Generalkapitel des Ordens. Aber auch die Provinzmeister hatten das Recht, für ihren Jurisdiktionsbereich jährliche Kapitel einzuberufen. Wenn der Meister starb, wurde in einem komplizierten Wahlverfahren ein neuer oberster Anführer des Ordens gewählt. Zunächst wurden 13 Mitglieder ausgewählt, die den Wahlvorgang hinter verschlossenen Türen durchführen sollten. Sie sollten die verschiedenen Herkunftsregionen symbolisieren, die aber nicht genauer festgelegt waren. Dies waren acht Ritter, vier Servienten sowie ein Kaplan.[20] Die Wahl des Meisters erfolgte auf Lebenszeit.

Das Leben innerhalb des Ordens wurde durch die Ordensregel genauestens festgelegt. Einer der größten Unterschiede zwischen dem Leben eines normalen Mönches und dem Mitglied des Templerordens war die Ernährung. So nahm ein Templer zwei Mahlzeiten am Tag ein, wobei diese dreimal in der Woche aus Fleisch zu bestehen hatten.[21] Beim Essen sollte jedoch geschwiegen und dem Lektor zugehört werden, der Passagen aus der Bibel vorzulesen hatte.[22] Wenn ein Templer nicht für einen bestimmten Dienst eingeteilt war, musste er sich um seine Pferde und seine Waffen kümmern.[23] Wichtig war es auch, für das Gefecht zu trainieren. Dies

---

[20] http://www.templerlexikon.uni-hamburg.de/ (aufgerufen am 09.07.2012).
[21] Vgl. Artikel 26 der Ordensregel in: Karl Körner, Die Templerregel. Aus dem Altfranzösischen übersetzt. (Jena, 1904).
[22] Vgl. Artikel 23 und 24 der Ordensregel, ebenda.
[23] Alain Demurger, Die Templer. Aufstieg und Untergang. 1120-1314. (München, 2007) S. 163.

erfolgte im Orient wohl während der Ritte von Komturei zu Komturei, während man im Okzident auf Übungsplätze angewiesen war, weil die Ordensregel die Teilnahme an Turnieren verbot. Eigene Turniere im Bogen- und Armbrustschießen waren hingegen erlaubt.[24]

Da für den regelmäßigen Besuch der Messen oft keine Zeit vorhanden war, weil militärische Aufgaben zu erfüllen waren, bekamen die kämpfenden Brüder die Erlaubnis, die Offizien zur Prim, Terz und Sext in einem Gebet zusammenzufassen.[25]

2.5 Finanzaktivitäten

Der Templerorden diente als Schutz für Personen, aber auch für Wertgegenstände. Kaum ein anderer Ort als die Ordenshäuser der Templer, wie jene in Paris oder auch London, galt und war tatsächlich sicherer. Der Schutz durch dicke Mauern und kampferprobte Rittermönche hatte einen guten Ruf, der vom Orden gepflegt wurde.

Die ersten finanziellen Geschäfte waren folglich jene eines Wertdepots, eines Tresors. Die Schätze und Geldbeträge wurden in einem verschließbaren Kasten gelagert, zu dem nur der Schatzmeister des jeweiligen Ordenshauses den passenden Schlüssel hatte. Geöffnet wurde dieser Kasten ausschließlich auf Verlangen des Klienten, der das Konto eröffnet hatte.[26] Durch den

---

[24] Vgl. Artikel 317 der Ordensregel, (wie Anm.21).
[25] Ebenda.
[26] Alain Demurger, Die Templer. Aufstieg und Untergang. 1120-1314. (München, 2007) S. 169.

guten Ruf als sichere Bank nahmen die finanziellen Aufträge des Ordens immer mehr zu. Die Kunden konnten auch jederzeit durch einen Brief an den Schatzmeister Geld abheben.

Man begnügte sich aber nicht nur damit, als Depot zu dienen. Das ihnen anvertraute Geld wurde vom Orden auch eingesetzt. Zusammen mit dem Eigenvermögen entwickelte man sich zu einem großen Kreditunternehmen. Bald waren unter den Klienten nicht mehr nur Personen von niedrigem Stand, auch Könige, Prinzen und andere hohe Adelige liehen sich bei den Tempelrittern Geld.[27]

Als Absicherung für den Orden dienten Pfand, Zins und Geldbußen, welche zwischen sechzig und hundert Prozent des geliehenen Geldbetrages ausmachen konnte. Durch Innovationen konnte man zudem mehr Kundschaft für sich gewinnen. So führte man Kreditbriefe ein, mit welchen man in jeder beliebigen Komturei bzw. in jedem Ordenshaus der Templer Geld abheben konnte, egal ob man sich im Okzident oder Orient befand. Außerdem entwickelte man ein gut funktionierendes Buchführungssystem.

Die Versorgung des Templerordens mit Pferden, Lebensmitteln und neuen Mitgliedern machte nicht nur eine gute Logistik sondern auch eine funktionierende Nachrichtenübermittelung notwendig. Es entstand ein Netzwerk, das zwischen den Komtureien von Ordens-

---

[27] Alain Demurger, Die Templer. Aufstieg und Untergang. 1120-1314. (München, 2007) S. 170.

haus zu Ordenshaus für diesen Austausch sorgte.[28] Durch diesen wirtschaftlichen Aufschwung wuchs auch die Zahl der Provinzen.

2.6 Militärische Aktivitäten

Die von den Templern übernommenen Burgen trugen zum Schutz der Pilger bei und lagen meist an den wichtigsten Wegen. Die Stärke der Tempelritter waren die schwer bewaffneten Reiter, die im Kampf in geschlossener Formation agierten.[29]

Entscheidend für den Erfolg dieser militärischen Taktik war hohe Disziplin. Wenn ein Ritter aus der Reihe tanzte, drohte dem Betreffenden nicht nur der Ausschluss aus dem Orden, sondern auch eine Haftstrafe. Unterstützung erhielten die Reiter von Bogenschützen, Fußsoldaten und von berittenen Söldnern, den sogenannten Turkopolen. Die Templer bildeten zusammen mit den anderen Ritterorden die Eliteeinheiten des Kreuzfahrerheeres. Obwohl die Zahl der eingesetzten Tempelritter stets niedrig war, waren die Meister wichtige Berater der königlichen Heerführer.

Ein wichtiger Bestandteil der militärischen Kraft waren eigene Schiffe, die zum Transport von Pilgern, Gütern und Nachschub für das Heer dienten. Solche Schiffe sind für den Templerorden seit spätestens 1207 nachweisbar.[30] Im Jahr 1299 erwarb man Kriegsschiffe aus Venedig. Templerschiffe waren folglich für die Versorgung des Heiligen Landes sehr wichtig. Ende des 13.

---

[28] Jürgen Sarnowsky, Die Templer. (München, 2009) S. 70.
[29] Ebd. S. 68.
[30] Ebd. S. 69.

bzw. Anfang des 14. Jahrhunderts beteiligte sich die Templerflotte auch bei der Durchführung des vom Papst verhängten Handelsembargos gegen die arabischen Gebiete im Osten. Wie groß die Flotte war, ist nicht genau belegt. Auf den Templerschiffen dienten nicht ausschließlich Ordensbrüder, meist war lediglich der Kapitän ein Angehöriger des Ordens. Die Soldaten und Seeleute waren meist bezahlte Söldner und die Schiffe gemietet.

Neben den gewöhnlichen Schiffen zum Transport von Waren und Personen gab es auch speziell ausgestattete Pferdetransporter.[31]

2.7 Das Ende der Kreuzzüge

In der Schlacht bei Hattin im Jahr 1187 erfuhren die Kreuzritter eine herbe Niederlage gegen die moslemischen Truppen unter ihrem Anführer Saladin. Der Grund für dieses Scheitern waren taktische Fehler, die zur Folge hatten, dass das Heer kilometerweit durch wasserloses Gebiet marschieren musste. Anschließend wurden die entkräfteten Soldaten am 4. Juli von Saladin überrascht und zur Gänze aufgerieben. Die Gefangenen der Ritterorden wurden auf Befehl Saladins hingerichtet. Ausnahmen wurden nur beim Großmeister der Templer, Gerard de Ridefort, gemacht sowie bei König Guido. Sie kamen gegen die Übergabe von Gebieten frei. Die Folgen der Schlacht waren aus Sicht der Kreuzfahrer katastrophal. Die meisten Städte des Heiligen Landes fielen an Saladin. Darunter auch Jerusalem. Der

---

[31] http://www.templerlexikon.uni-hamburg.de/ (aufgerufen am 09.07.2012).

Versuch, die verlorenen Gebiete zurückzuerobern, schlug fehl. Die Position des Königreiches Jerusalem war somit in seinen Grundfesten erschüttert. Es gelang zwar, Akkon zurückzuerobern und Gebiete im Küstengebiet zu halten, doch die Machtverhältnisse hatten sich verschoben. Auch der Templerorden musste sich neu organisieren. In Zukunft war man noch mehr vom Westen abhängig.

In den folgenden Jahrzehnten mussten die Kreuzfahrer weitere Niederlagen hinnehmen. Der Dritte und Vierte Kreuzzug brachten keinerlei militärische Erfolge. Dem Templerorden gelang es aber, diese Krise zu überwinden und sogar Gebietszugewinne zu erzielen.

Dies ging oft auf die Kosten von weltlichen Baronen, die ihre Positionen nicht mehr halten konnten. In den Küstenstädten Akkon und Tortosa konnten sie so ihren Einfluss ausbauen.[32] Auch im Mittelmeerraum gelang es den Templern ihren Besitz mehren. In Zypern misslang es zwar, eine Herrschaft aufzubauen, aber in Griechenland, Kroatien, Ungarn, Böhmen und auch Polen fasste der Orden Fuß. Im 13. Jahrhundert geriet man im Heiligen Land derart unter Druck, dass man schließlich auch die restlichen Gebiete an die Araber verlor.

Der Fall von Akkon im Jahr 1291 war das Ende, nicht nur für die Herrschaft der Kreuzfahrer sondern auch für die Ritterorden. Die Templer verloren im Jahr 1302 mit der Insel Ruad vor Tortosa ihr letztes Gebiet im Heiligen Land. Sie verloren, ebenso wie die Johanni-

---

[32] Jürgen Sarnowsky, Die Templer. (München, 2009) S. 92.

ter in gewisser Weise ihre Legitimitätsgrundlage. Hatte es schon zu Beginn des Templerordens Kritik gegeben, trat diese nun wieder vermehrt auf.

Unter dem Eindruck des schlussendlichen Misserfolges der Kreuzzüge wurde von vielen Seiten die Zusammenlegung der Templer mit den Johannitern gefordert. Soweit kam es aber nicht.

2.8 Die Auflösung des Templerordens

Fortan war der Templerorden in Frankreich, das ohnehin stets die Basis für ihre Aktionen im Heiligen Land gebildet hatte, tätig. Der König von Frankreich, Philipp IV., genannt „der Schöne", war es auch, der die Auflösung des Templerordens vorantrieb. Der Grund, warum Philipp sich gegen den Orden wandte, dürfe hauptsächlich am Geld gelegen haben. Die Kassen der französischen Krone waren leer. Möglicherweise hatte der König sogar Schulden bei den Templern. Es gibt auch die Theorie, dass Philipps religiös-moralische Einstellung mitverantwortlich war. Dafür hätte er allerdings den Gerüchten, die sich über den Templerorden verbreiteten, erst einmal Glauben schenken müssen.[33]

Diese Gerüchte waren seit dem Jahr 1305 im Umlauf und waren nicht mehr nur einfache Kritik. Inhalte waren unter anderem Ketzerei, Götzenverehrung und Sodomie. Auch Papst Clemens V. war von diesem Gerede unterrichtet, weigerte sich aber, diesem Glauben zu schenken. Er wurde aber von Philipp IV. stark unter Druck gesetzt. Jakob von Molay, der als Letzter die

---

[33] Vgl. Jürgen Sarnowsky, Die Templer. (München, 2009) S. 104-105.

Position des Großmeisters innehaben sollte, bat den Papst, eine Untersuchung dieser Anschuldigungen zu veranlassen. Im August 1307 ordnete der Papst eine solche Untersuchung an. Der König ließ sich aber durch die Kommission des Heiligen Stuhles nicht von seinem Weg abbringen. Er wollte die Auflösung des Ordens, unter allen Umständen. Am 13. Oktober 1307 lief eine geplante Verhaftungswelle durch Frankreich. Im königlichen Erlass vom 14. September heißt es:

> „[…] die Brüder des Ordens der Miliz vom Tempel, die die Wolfsnatur unter dem Schafspelz verbargen […] werden beschuldigt, Christus zu verleugnen […] da die Wahrheit nicht anders voll und ganz aufgedeckt werden kann […] haben wir beschlossen, dass ausnahmslos alle Mitglieder des selbigen Ordens unseres Königreiches festgenommen, gefangengehalten und dem Urteil der Kirche vorbehalten werden "[34]

Die Anklagepunkte waren vielseitig und wurden nach den Geständnissen der gefolterten Ordensbrüder entsprechend erweitert. Den Templern wurde vorgeworfen, sie würden nicht an die Sakramente glauben, obszöne Praktiken vollziehen, homosexuelle Beziehungen untereinander pflegen und vieles mehr. Selbstverständlich wurde die Folter eingesetzt, um den Willen der Gefangenen zu brechen. Wenn sie dann ihr Geständnis wiederholten, standen sie natürlich noch unter dem

---

[34] Alain Demurger, Die Templer. Aufstieg und Untergang. 1120-1314. (München,2007) S. 242.

Eindruck der Qualen. Widerrief jedoch jemand zu einem späteren Zeitpunkt, drohte ihm der Tod als „*relapsi*", als rückfälliger Ketzer.[35]

Die Hoffnung der gefangenen Templer, durch den Papst aus ihrer Lage befreit zu werden, erfüllte sich nicht. Die Macht Philipps des Schönen war zu groß. Die Einwände des Papstes blieben erfolglos.

Am 22. März 1312 veröffentlichte der Papst, wohl auch unter dem Einfluss des französischen Königs, die Bulle „*Vox in excelso*", welche die Auflösung des Ordens verkündete. Die Behandlung der verbleibenden Ordensbrüder wurde mit der Bulle „*Considerantes dudum*" vom 6. Mai desselben Jahres festgelegt. War man für unschuldig befunden worden, so konnte man, mit einer Pension ausgestattet, sein restliches Leben in einem der ehemaligen Ordenshäuser verbringen oder in ein anderes Kloster ziehen. Das Mönchsgelübde galt noch als gültig. Wurde man aber als schuldig befunden, so wurde man mit härtester Strenge behandelt.

Am 18. März 1314 wurden der Großmeister Jakob von Molay und der Präzeptor der Normandie Gottfried von Charnay auf einer kleinen Insel in der Seine auf dem Scheiterhaufen verbrannt. Sie hatten nach dem Urteil, das für sie lebenslange Kerkerhaft bedeutete, erneut ihre Geständnisse widerrufen.

---

[35] Jürgen Sarnowsky, Die Templer. (München, 2009) S. 108.

Abb.2: Verbrennung von Templern. Aus der anonymen Chronik „Von der Schöpfung der Welt bis 1384"

Die italienische Historikerin Barbara Frale entdeckte erst vor wenigen Jahren jene Dokumente, die eine Absolution des Ordens durch den Papst belegen. Die Templer wurden also zu Unrecht als Ketzer verbrannt.[36]

Demnach verweigerte König Philipp dem Papst die Möglichkeit, den Großmeister und die vier mächtigsten Würdenträger des Ordens zu treffen. Seiner Ansicht nach waren diese fünf Männer müde und krank und daher nicht im Stande, den langen Weg zum Papst nach Poitiers auf sich zu nehmen. Die Templer wurden deswegen von den Männern des Königs ins Schloss Chinon gebracht. Zwischen dem 17. und 20. August des Jahres 1308 sandte Clemens V. drei Kardinäle dorthin, um den

---

[36] http://www.spiegel.de/wissenschaft/mensch/templer-der-spaete-freispruch-der-ketzer-a-517509.html (21.08.2012).

Großmeister und die anderen Angeklagten zu befragen. Dies waren Hugues de Perraud, Visitator der Ordens, Raymbaud de Caron und Geoffrey de Charnys, die Präzeptoren von Outremer und der Normandie, sowie Geoffrey de Gonneville, Präzeptor von Poitou und Aquitaine. Nachdem sie ihre Verbrechen gebeichtet hatten, wurde den fünf Männern die Absolution erteilt und sie wurden wieder in die christliche Glaubensgemeinschaft aufgenommen.[37]

Dies veränderte das Bild über die Rolle des Papstes bei der Auflösung des Templerordens, das bisher durchgehend negativ behaftet war. Festzuhalten ist aber dennoch, dass diese Absolution nichts am Feuertod der Templerelite änderte.

2.9 Die Templer in Österreich

Die Ordensprovinz, die Böhmen und Mähren umfasste, wurde um das Jahr 1295 gegründet. Sie unterstand dem Provinzmeister von Deutschland. Die Besitzungen in dieser Region waren nicht sehr zahlreich. Wichtige Komtureien befanden sich in Scheikwitz und in Prag.[38] Der einzige in Österreich tatsächlich belegte Besitz des Ordens lag in Schwechat, Fischamend und Rauchenwarth.[39] Das Ende des Ordens in Österreich war nicht so aufregend wie in Frankreich. Es gibt keine Berichte über Folterungen oder Verbrennungen von

---

[37] http://www.luxinarcana.org/en/documenti/ (21.08.2012).
[38] http://www.templerlexikon.uni-hamburg.de/ (aufgerufen am 24. 07. 2012).
[39] Robert Bouchal, Gabriele Lukacs, Das geheime Netz der Templer. Wege und Spuren in Österreich. (Wien, 2010) S.30.

Templern auf österreichischem Boden. Die Auflösung erfolgte schlicht durch die päpstliche Bulle aus dem Jahr 1312. Schon in den Jahren zuvor hatte der Orden mehrere Besitzungen verkaufen müssen. Der restliche Besitz in Österreich, Böhmen und Mähren ging, gleich wie die meisten anderen Besitzungen in Europa, an den Johanniterorden über. Auch viele Ordensbrüder aus Österreich wurden bei den Johannitern aufgenommen. So auch der Komtur der Provinz mit namens Ekko.[40]

---

[40] Gerhard Volfing, Auf den Spuren der Templer in Österreich. (Wien, 2001) S. 160f.

3. Der Begriff des „Mythos"

„Das Verhältnis des Mythos zur Geschichte ist mit andern Worten das des Schicksals zur Freiheit" [41] *- Jacob Grimm -*

Bevor man sich mit den Mythen des Templerordens und der historischen Wahrheit hinter ihnen beschäftigen kann, ist es notwendig, zunächst den Begriff des „Mythos" im Allgemeinen zu betrachten. Was ist eigentlich ein Mythos? Wie kann man zwischen Mythen und Märchen differenzieren?

3.1 Die wörtliche Herleitung und Ursprung

Das altgriechische Wort *„mythos"* bedeutet so viel wie „Rede", „Erzählung" oder „Sage". Es gibt aber seit der Antike die Unterscheidung zum Logos, abgeleitet vom altgriechischen Begriff *„logos"* für „reden". Die Mythologie ist somit als die wissenschaftliche Untersuchung der Mythen zu verstehen oder als Gesamtheit der Mythen. Auf den Mythos folgt immer der Logos und nicht umgekehrt. Die Analyse folgt immer auf die Erzählung.[42] Der Logos ermöglicht die systematische und rationale Beschäftigung.[43] Der altgriechische Schriftsteller Plutarch beschreibt die Beziehung von Logos und Mythos in seinem Werk *„Leben des Theseus"* so, dass die

---

[41] http://www.zitate.eu/de/zitate?zitat_text=Mythos&autor_name=Grimm&thema_id= (05. 09. 2012).

[42] Reinhard Brandt, Mythos und Mythologie. In: Reinhard Brandt, Steffen Schmidt (Hgg.), Mythos und Mythologie. (Berlin, 2004) S.9.

[43] Herlinde Pauer-Studer, Philosophie zum Lesen. (Wien, 2005) S.12.

Aufgabe des Logos darin liegt, den Mythos zu reinigen und anschließend die Geschichte darzustellen.[44]

Eine allgemein anerkannte Definition des Mythos gibt es nicht. Man ist sich aber einig, dass man „Erzählungen über Götter" in eine solche Definition ebenso einschließen muss wie „Erzählungen vom Ursprung".[45] Ursprünglich waren Mythen mündliche, teils auch schriftliche Überlieferungen von Völkern und Volksgruppen. Sie erklären den Ursprung der Welt, erzählen von Göttern und Helden, aber auch von Monstern und Dämonen.[46] Naturereignisse, die für die damaligen Menschen unheimlich und unerklärbar waren, wurden so verständlicher.

Aristoteles schreibt dazu: *„Wer sich aber etwas nicht erklären kann und sich verwundert, der glaubt es nicht zu verstehen. Insofern ist auch der Freund der Mythen ein Philosoph; denn der Mythos besteht aus wunderbaren Vorgängen."*[47] Mythen sind aber weder Unwahrheiten, noch sind sie Naturgesetze. Sie dienen dazu, das Unbekannte zu strukturieren.[48] Durch die bewusste Betrachtung, das dauernde Hinterfragen, ist die ständige Suche nach dem Wesen der Dinge von jeher geprägt. Dabei verwendete man stets eine lebhafte und bildhafte Erzählweise.[49]

---

[44] Reinhard Brandt, Mythos und Mythologie. In: Reinhard Brandt, Steffen Schmidt (Hgg.), Mythos und Mythologie. (Berlin, 2004) S.14.
[45] Walter Burkert, Mythos. Begriff, Struktur, Funktionen. In: Fritz Graf (Hg.), Mythos in mythenloser Gesellschaft. (Stuttgart, 1993) S. 9.
[46] Reinhard Brandt, Mythos und Mythologie. In: Reinhard Brandt, Steffen Schmidt (Hgg.), Mythos und Mythologie. (Berlin, 2004) S.10.
[47] http://www.zitate.eu/de/zitate?zitat_text=Mythen (05.09. 2012).
[48] http://www.mythentor.de/sagen.htm (aufgerufen am 24. 07. 2012).
[49] Tonio Keller: Mythos mit Anwendungen. Eine kritische Würdigung des Phänomens Mythos in unserer Gegenwart. (Reinfeld i. Holstein, 2000) S. 68.

Mythen können demnach auch mit Bildern verglichen werden. Sie entstehen aus „inneren" Bildern und lassen wiederum andere Bilder vor dem geistigen Auge der Menschen entstehen. Mythen haben aufgrund dieser Bildhaftigkeit eine geschlossene Gestalt, die sie für die Menschen fassbar macht.[50] Prägend für mythologisierte Geschichten ist, dass die meisten von ihnen Symbole und Rituale einer Gesellschaft begründeten. Der Mythos verknüpft Erfahrungen innerhalb einer Gesellschaft und der Natur und schmälert dabei oft die tatsächlichen historischen Begebenheiten. Mythen können somit auch als geistige Konzepte gesehen werden, „*welche die erlebte Wirklichkeit strukturieren und dadurch eine Gesellschaft oder Subgesellschaft [...] konstituieren.*"[51]

Hier liegt auch der Unterschied zwischen Mythen und Märchen. Märchen beziehen sich auf keine bestimmten Persönlichkeiten oder Begebenheiten. Mythen hingegen behandeln oft reelle Personen, Institutionen und Orte.[52] Es gibt aber auch Gemeinsamkeiten zwischen Märchen und Mythen. Beide berichten über einen Verlauf von Geschehnissen. Sie sind traditionelle Erzählungen, die sowohl literarische als auch mündliche Überlieferungen kennen.[53] Es ist außerdem darauf hinzuweisen, dass Mythen und Märchen nur wegen ihrer Vorbildfunktion über Jahrhunderte hinweg bestehen konn-

---

[50] Tonio Keller: Mythos mit Anwendungen. Eine kritische Würdigung des Phänomens Mythos in unserer Gegenwart. (Reinfeld i. Holstein, 2000) S. 14.
[51] Ebd. S. 13.
[52] Vgl. Reinhard Brandt, Mythos und Mythologie. In: Reinhard Brandt, Steffen Schmidt (Hgg.), Mythos und Mythologie. (Berlin, 2004) S.10.
[53] Lutz Röhrich: Märchen und Mythen. In: Fritz Graf (Hg.), Mythos in mythenloser Gesellschaft. (Stuttgart, 1993) S. 295.

ten. Nur was als wichtig galt und die Menschen von jeher berührte, wurde weitererzählt. Dies gilt für Mythen und Märchen gleichermaßen.[54]

Man könnte das Verhältnis zwischen Märchen und Mythen aber auch wie der deutsche Schriftsteller Wolfdietrich Schnurre zusammenfassen: „*Mythen entstehen. Sagen werden gelebt. Märchen werden gemacht.*"[55]

3.2 Der Mythos heute

Mythen sind bis in die heutige Zeit weit verbreitet. In vielen Punkten haben Mythen Einzug in unseren alltäglichen Sprachgebrauch gehalten. Beispiele dafür sind etwa der Ödipuskomplex oder auch der Begriff des Narzissmus. Es ist für den Vorgang der Mythenbildung unwichtig, ob es sich dabei um zurückliegende traditionelle Geschichten handelt oder ob es die allerjüngste Vergangenheit betrifft.

Solche Geschichten versuchen nicht, durch rationale oder empirische Beweise zu überzeugen, sondern an die Emotionen der Menschen zu appellieren und den Glauben an die Wahrheit des Erzählten zu erwecken.[56]

In der Geschichtswissenschaft stehen die politischen, aber auch die sozialen Funktionen von Mythen im Mittelpunkt des Interesses. Sie dienen der Integration menschlicher Gemeinschaften, seien es Nationen, ethnische Gruppen, politische Bewegungen, soziale Klassen

---

[54] Lutz Röhrich: Märchen und Mythen. In: Fritz Graf (Hg.), Mythos in mythenloser Gesellschaft. (Stuttgart, 1993) S. 304.
[55] http://www.zitate.eu/de/zitate?zitat_text=Mythen&autor_name=Schnurre&thema_id = (05.09.2012).
[56] http://docupedia.de/zg/Mythos#Theoretische_Ans.C3.A4tze (aufgerufen am 24. 07. 2012).

oder Milieus. Durch das Zeigen vorbildhafter Figuren aus der Vergangenheit und Gegenwart sollen Mythen für eine Gemeinschaft identitätsstiftend wirken. Mythen können erklärende, tröstende oder ausgleichende Funktionen erfüllen. Die Geschichts- und Gegenwartsdeutung der Mythen wirken gegebenenfalls auch mobilisierend für die Zukunft, indem sie eine vorbildhafte Wirkung haben.[57]

Der allgemeine Aufstieg des Logos bzw. der Vernunft führte also keineswegs zum Ende des Mythos. Noch heute leben wir von Mythen umgeben, angefangen bei Religionen bis hin zu Friede und Liebe. Manchmal behindern sie uns, weil sie uns zu sehr gefangen nehmen. Sie sind aber Teil unseres Lebens.[58]

---

[57] http://docupedia.de/zg/Mythos#Theoretische_Ans.C3.A4tze (aufgerufen am 24. 07. 2012).
[58] Herlinde Pauer-Studer, Philosophie zum Lesen. (Wien,2005) S.12.

4. Die Templermythen

4.1 Der Heilige Gral

Keine Reliquie wird wohl öfter in Verbindung mit dem Orden der Tempelritter gebracht als der Heilige Gral. Dass der Gral zumindest temporär im Besitz des Ordens war, wird von vielen sogenannten „Gralsforschern" als ein Faktum angesehen und von diesen Kreisen kaum hinterfragt. Demnach sollen die Templer während Bauarbeiten unterhalb ihres Hauptquartieres in Jerusalem den Gral zusammen mit anderen Schätzen ausgegraben und in ihren Besitz genommen haben.

Bevor wir nun die Wahrheit hinter diesem Mythos beleuchten können, müssen wir zunächst auf die Reliquie selber eingehen und uns fragen: Was ist der Heilige Gral eigentlich?

Das Wort Gral stammt von dem altfranzösischen Wort „*graal*", dem altkatalanischen „*gresal*" und wahrscheinlich auch von dem altprovenzalischen Wort „*grazal*", was so viel wie Kelch oder Schüssel aus Erde, Holz oder Metall bedeutet.[59] Es wird aber oftmals eine Herleitung vom lateinischen Wort „*gradale*" angenommen, also als „*das, was sich erst stufenweise zu enthüllen vermag.*"[60]   Auch eine Abstammung vom Wort „*gratus*" oder „*gratia*" ist denkbar, was dann Gnade oder Dank bedeuten würde. Es wurde auch versucht eine Herleitung von „Sang real", also, „königliches Blut" zu vollziehen. Diese solle auf eine Blutlinie Jesu hindeuten, die bis in die heutige Zeit reichen würde. Diese Ableitung

---

[59] Peter Fiebag, Das Grals-Geheimnis. Die Entschlüsselung eines uralten Mysteriums. (München, 2006) S. 62.
[60] Hartwig Sippel, Die Templer. Geschichte und Geheimnis. (Wien, München, 1996) S. 265.

ist aber als unhaltbar zu betrachten, weil es sich hierbei um eine Erfindung eines Übersetzers handelt, der diese neue Bedeutung des Grals erst im 15. Jahrhundert niederschrieb.[61] Die Legende vom Heiligen Gral basiert neben christlichen Elementen, auch auf dem keltischen Mythos vom magischen Füllhorn.[62]

Wenn man vom Gral hört, so denkt man meist an ein Gefäß, an einen Kelch. Es gibt aber weitere Ansätze, wie der Heilige Gral im Lauf der Geschichte interpretiert wurde. Die erste literarische Darstellung über den Gral wurde vom französischen Dichter Chrétien de Troyes um das Jahr 1180 verfasst. In seinem leider unvollendeten Epos schildert er den Gral als eine juwelenverzierte Schüssel mit einer darin befindlichen Hostie. Diese Gralsdichtung basiert auf zwei Wurzeln, einerseits auf alten keltischen Traditionen und andererseits auf christliche Wundergeschichten.[63]

In der Gralsdichtung des Robert de Boron, die ab dem Jahr 1200 entstand, ist der Gral der Kelch des Letzten Abendmahls, aber auch parallel dazu das Gefäß, mit dem Josef von Arimathäa unter dem Kreuz Christi dessen Blut auffing. Diese Legende, die Josef von Arimathäa in Verbindung mit dem Gral bringt, ist frühestens im 5. Jahrhundert in einem georgischen Apokryphon nachweisbar, wobei hier noch nicht die Rede vom Kelch ist.[64]

In Wolfram von Eschenbachs Gralsepos „Parzival", das zu Beginn des 13. Jahrhunderts verfasst wurde, wird der Gral als ein grüner Stein mit dem Namen „*lapsit exillis*" geschildert, welcher in einem Altar eingelassen sei

---

[61] Peter Fiebag, Das Grals-Geheimnis. Die Entschlüsselung eines uralten Mysteriums. (München, 2006) S. 63.
[62] http://en.wikipedia.org/wiki/Holy_Grail#Origins (04. 08. 2012).
[63] Anke Napp, Templer Mythen. Und was dahinter steckt. (München,2010) S.35.
[64] http://www.templerlexikon.uni-hamburg.de/ (aufgerufen am 26.07. 2012).

und über wundertätige Eigenschaften verfüge. So würde der Stein demjenigen, der ihn in seinem Besitz hätte, das ewige Leben ermöglichen.

> *„Durch dieses Steines Wunderkraft,*
> *der schöner ihn wie vorher schafft,*
> *dem Menschen auch, der ihn geseh´n,*
> *kann diesen Tag kein Leid geseh´n*
> *und auch die nächste Woche nicht,*
> *auch bleibt ihm stets das Angesicht,*
> *erschaut er jeden Tag den Stein,*
> *von Farbe jugendklar und rein,*
> *sei es nun Jüngling oder Maid,*
> *gleichwie in seiner besten Zeit,*
> *und säh er ihn zweihundert Jahr,*
> *er würden blühen immerdar*
> *in ewig gleichem Jugendstrahl.*
> *Und dieser Stein das ist der Gral.“* [65]

Genauere Angaben über die Größe oder Form des Steines findet man in Wolfram von Eschenbachs Werk nicht. Weshalb hier nicht von einem Kelch, sondern von einem magischen Stein die Rede ist, ist schwer festzustellen. Vermutlich wollte sich der Dichter von seinen französischen Kollegen distanzieren und eine eigene Interpretation des Grals veröffentlichen. Wenn dem so war, wieso wählte er dann einen Stein? Möglicherweise hörte Wolfram von Eschenbach, dass im Islam ein heiliger schwarzer Stein in Mekka verehrt wurde, und hat sich davon inspirieren lassen.[66] Eine weitere mittelalter-

---

[65] Wolfram von Eschenbach, Das Parzival Lied, hrsg. von Emil Engelmann, (o.O. 1888) S. 167.
[66] Peter Fiebag, Das Grals-Geheimnis. Die Entschlüsselung eines uralten Mysteriums. (München, 2006) S. 67.

liche Interpretation wäre, dass es sich bei dem Stein um jenen Edelstein handle, der Luzifer bei seinem Kampf gegen die Engelsschar Gottes aus der Krone gebrochen und auf die Erde gefallen ist.

Dies sollte die Herkunft des Steines erklären, der vom Himmel gefallen sei.[67] Vielleicht verdrehte Wolfram unwissentlich die Bezeichnung *„lapis ex coelis"*, was so viel wie „Stein vom Himmel" bedeutet. Möglich ist auch, dass er sich vom *„lapis elixir"* beeinflussen ließ, dem Stein der Weisen.[68]

Durch Wolfram von Eschenbachs Literaturvorlage entstand auch die Verbindung zwischen den Tempelrittern und dem Heiligen Gral. Er macht die sogenannten „Templeisen" zu den Behütern des Grals.

> *„Von Rittern eine stolze Schar,*
> *auf Burg Monsalvas. Die Templeisen*
> *die kampfbereiten Degen heißen,*
> *die kühngemut zu jeder Zeit*
> *zum Dienst des Grales steh´n bereit.*
> *Auf Abenteuer die geweihten,*
> *erles´nen Recken oftmals reiten,*
> *und voller Demut sies ertragen,*
> *ob Preis sie oder Leid erjagen.*
> *Die tugendliche Ritterschaft,*
> *gar seltsamlich sich Nahrung schafft,*
> *sie nähren sich von einem Stein,*
> *gar wunderkräftig, klar und rein,*
> *der „lapis exilis" genannt."* [69]

---

[67] Peter Fiebag, Das Grals-Geheimnis. Die Entschlüsselung eines uralten Mysteriums. (München, 2006) S. 68.
[68] Hartwig Sippel, Die Templer. Geschichte und Geheimnis. (Wien, München, 1996) S. 265.
[69] Wolfram von Eschenbach, Das Parzival Lied, hrsg. von Emil Engelmann, (o.O. 1888) S. 166.

Diese „Templeisen" leben in einer Bruderschaft zusammen, sind aber nicht an Gelübde gebunden. Der Begriff der "Templeisen" taucht nur in der Dichtung Wolfram von Eschenbachs über den Gral auf. Die einzige Ausnahme stellt die Dichtung „Herzog Ernst" aus dem 13. Jahrhundert dar. In ihr wird diese Bezeichnung für den tatsächlichen Templerorden verwendet. Aber wieso fügte Wolfram von Eschenbach die „Templeisen" in seine Erzählung ein, während kein anderer Autor dies tat? Es wird oft angenommen, dass Wolfram mit seinem Werk ein positives Bild der Kreuzzüge zeichnen wollte und der Templerorden ihm tatsächlich als Vorbild diente. Die Ähnlichkeit zwischen „Templeisen" und dem damals gebräuchlichen „Tempelherren" wäre somit Absicht des Dichters. Die propagandistische Wirkung des Epos auf Wolframs mittelalterliche Umwelt dürfte, egal ob beabsichtigt oder nicht, durchaus förderlich für den Kreuzzugsgedanken gewesen sein.[70]

Die Suche nach dem Gral beinhaltet stets die Notwendigkeit, die Gralsburg zu finden, auf welcher sich der Gral befinden soll. Was dort geschehen müsste, um den Schatz an sich zu bringen, ist von Erzählung zu Erzählung unterschiedlich. Bei Chrétien de Troyes und Wolfram von Eschenbach muss der Sucher eine oder mehrere Fragen stellen, durch die er zum Erben des Königs der Gralsburg wird und somit zum Gral gelangt.[71]

Besonders auffällig ist, dass es zwar immer wieder „Gralsforscher" gibt, die durch die Nennung dieser „Templeisen" eine Verbindung zum Templerorden herstellen, es sich aber keine Artefakte finden, die als der echte Heilige Stein aus dem Parzivalepos dargestellt

---

[70] http://www.templerlexikon.uni-hamburg.de/ (aufgerufen am 26.07. 2012).
[71] Helen Nicholson, Love, War and the Grail. (Leiden, 2001) S. 105.

werden.[72] Dies ist ein markanter Unterschied zu den Gralsdarstellungen als Gefäß. Es finden sich bis heute zahlreiche Gefäße, die sich als der echte Heilige Gral darstellen. Genannt seien an dieser Stelle nur ein paar der berühmtesten Beispiele für solche Kelche, die über ganz Europa verstreut zu finden sind.

Der „*Santo Cáliz*" (Heiliger Kelch) von Valencia, die smaragdgrüne „*Sacro Catino*" von Genua, der „*Nanteos Cup*" aus Wales, oder auch der frühchristliche „*Antioch Chalice*", der im Metropolitan Museum of Art in New York zu finden ist. Auch in der Weltlichen Schatzkammer in Wien befindet sich mit der berühmten „*Achatschale*" aus dem 4. Jahrhundert ein derartiges Gefäß.

Jedes einzelne dieser Objekte wird gelegentlich als der tatsächliche Gral angesehen und mitunter auch aktiv verehrt.[73]

Abb.3: Der „Santo Caliz" von Valencia

---

[72] G. Ronald Murphy, Gemstone of Paradise. The Holy Grail in Wolfram´s Parzival. (Oxford, 2006) S. 9.
[73] Ebd. S. 9.

Eine solche Verehrung stellt wohl einen kulturellen Überrest aus der mittelalterlichen Reliquienverehrung dar. Schon seit dem Frühmittelalter gab es im Heiligen Land Stätten der Gralsverehrung. In einem Reisebericht eines italienischen Pilgers namens Antoninus aus dem Jahr 570 ist der Kelch des Letzten Abendmahls erwähnt, den dieser in einem Schrein in der Grabeskirche zu Jerusalem aufgesucht habe.

Noch im Jahr 670 berichtet der gallische Bischof Arculf, den Kelch dort gesehen zu haben. Der Gral sei aus Silber, mit zwei Griffen an jeder Seite. In seinem Inneren befinde sich zudem der Essigschwamm, der Jesus bei der Kreuzigung gereicht wurde.[74]

Im 8. und 9. Jahrhundert wurde die Grabeskirche durch zwei Erdbeben beschädigt und im Jahre 966 von Muslimen in Brand gesteckt. Im Jahr 1009 wurde sie auf Befehl des Kalifen Al Hakim schließlich gänzlich zerstört. Seitdem ist der Abendmahlkelch verschollen.[75]

Die Templer sollen später, im 12. Jahrhundert, wie bereits erwähnt, eben diesen Kelch unterhalb ihres Hauptquartieres in der Al-Aqsa-Moschee wiedergefunden haben. Wie der Kelch von der Grabeskirche dorthin gekommen sein soll, wird von den „Gralsforschern" nicht näher beleuchtet. Es gibt keinerlei Hinweise oder Quellen dafür, dass der Gral, sofern er überhaupt existiert, Bestandteil der Reichtümer des Ordens der Tempelritter war. Trotzdem lässt sich aber die Möglichkeit nicht ausschließen, dass Ordensmitglieder tatsächlich jenen Kelch in ihren Besitz gebracht haben, der Jahrhunderte lang in der Grabeskirche als Gral verehrt wurde und nach der Zerstörung der Kirche verschwand. Dagegen spricht aber wohl die Tatsache, dass die Temp-

---

[74] Anke Napp, Templer Mythen. Und was dahinter steckt. (München, 2010) S. 37.
[75] Ebd. S. 38.

ler selbst nie davon gesprochen haben, dieses Gefäß zu besitzen. Hätte man eine solch wichtige Reliquie besessen, so hätte man garantiert darauf aufmerksam gemacht, zumal mit dem damit verbundenen neuen Pilgerstrom aus dem Abendland sicherlich ein nicht unerheblicher finanzieller Nutzen für den Orden entstanden wäre. Die Begründung, man hätte die Verehrung des Grals im Verborgenen praktiziert, also nur innerhalb des Ordens, scheint angesichts der sonstigen wirtschaftlichen Geschicklichkeit der Templer doch eher unpassend.

Das Fazit über diesen Mythos lautet also wie folgt: Die Möglichkeit einer Gralsreliquie im Besitz der Templer ist vorhanden, aber angesichts der historischen Fakten als eher unwahrscheinlich zu betrachten. Erwähnt sei zudem die Tatsache, dass sich die Gralslegende als Erstes literarisch entwickelte. Eine Gralssuche, ähnlich wie sie in der Artuslegende geschildert wird, hat es im Mittelalter nicht gegeben, sie war nur der Inhalt von Heldengeschichten.

4.2 Das Grabtuch von Turin

Eine weitere Reliquie, die sich auch kurzfristig in den Händen der Templer befunden haben soll, ist das Grabtuch von Turin, benannt nach seinem heutigen Aufbewahrungsort. Das Grabtuch von Turin ist ein ungefähr 4,41 Meter langes und 1,13 Meter breites Leinentuch, welches das Doppelbild eines männlichen Leichnams zeigt, der nach verschiedenen Folterungen schließlich den Tod durch Kreuzigung fand.[76] Der Legende nach handelt es sich hier um jenes Grabtuch, das im Evangelium genannt wird, und mit dem man den Körper von Jesus im Grab einhüllte.

Ob das Grabtuch von Turin mit dem Mandylion (Kopfbild) von Edessa identisch ist, kann nicht mehr nachvollzogen werden. Man weiß nur, dass dieses Mandylion aus Edessa im Jahre 944 nach Konstantinopel überführt wurde und nach dem Vierten Kreuzzug verloren ging. Bei diesem Tuch handelte es sich um ein achtfach gefaltetes Tuch, ein sogenanntes *Tetradiplon*, das auf der obersten Fläche das Gesicht Christi zeigte.[77] In den folgenden Jahrhunderten wurden aber nicht nur ein Mandylion, sondern auch ein anderes Grabtuch als zwei unterschiedliche Reliquien, die in Konstantinopel verehrt wurden, aufgeführt.

Der Chronist Robert de Clary berichtet nach dem 4. Kreuzzug, in der Blachernenkirche sei das Tuch, in das Christus bei seiner Grablegung gehüllt worden war, aufbewahrt gewesen. Auf jeden Fall ist unbekannt, was nach der Eroberung Konstantinopels aus dem Grabtuch und dem Mandylion wurde. Seit Jahren wird versucht,

---

[76] http://www.sindone.org (aufgerufen am 06.08.2012).
[77] Bernd Kollmann, Das Grabtuch von Turin, Ein Porträt Jesu? Mythen und Fakten. (Freiburg, 2010) S. 29.

diese Überlieferungslücke zu schließen und den Transfer des Grabtuchs nach Europa nachzuvollziehen.[78] Hier kommen die Templer ins Spiel. Sie sollen das Tuch nach Frankreich gebracht haben.

Die tatsächliche Geschichte des Grabtuches von Turin, das den Leichnam des gekreuzigten Jesus umhüllt haben soll, ist jedoch nur bis in das 14. Jahrhundert zurück verfolgbar. Der französische Ritter Geoffroy de Charny soll das Grabtuch im Jahr 1357 in seinem Lehngut Lirey bei Troyes in einer von ihm errichteten Stiftskirche erstmals öffentlich zur Schau gestellt haben. Wegen der Wirren des Hundertjährigen Krieges wurde das Grabtuch in einer Kapelle in Saint Hippolyte in Sicherheit gebracht. Im Jahr 1453 ging die Reliquie in den Besitz der Herzöge von Savoyen über. Amedeo IX., Sohn von Herzog Ludovico, beginnt 1471 damit, die Schlosskapelle von Chambéry, im Hinblick auf eine angemessene Unterbringung des Leichentuches Christi, auszubauen. Nach der anfänglichen Zurschaustellung in der Kirche wurde das vermeintliche Leichentuch Christi in der Sainte-Chapelle du Saint-Suaire endgültig untergebracht. Durch Papst Julius II. erhielt das Haus von Savoyen einen eigenen Feiertag genehmigt, der am 4. Mai angesetzt wurde.

Ein Brand verwüstete im Dezember des Jahres 1532 die Kirche und verursachte starke Beschädigungen des Leichentuches. Durch die Hitze schmolz das Metall des Behälters, in dem das Tuch gelagert wurde, geriet dabei auf die kostbare Reliquie und brannte symmetrische Löcher in den Stoff. Die Brandlöcher wurden zwei Jahre später von Nonnen vernäht. Im September 1578 überführte man das Leichentuch endgültig nach Turin,

---

[78] http://www.templerlexikon.uni-hamburg.de/TDF-G.htm (aufgerufen am 08.08. 2012).

der neuen Residenz des Hauses Savoyen. Die Reliquie wurde feierlich empfangen. Seitdem befindet sich das Leichentuch Christi dauerhaft in Turin, wo es in den letzten Jahrhunderten mehrmals öffentlich aber auch privat ausgestellt wurde.[79]

Seit 1898 ist die Reliquie Gegenstand vieler wissenschaftlicher Debatten. In diesem Jahr entdeckte der Fotograf Secondo Pia, als er das Negativ aus dem Entwicklungsbad nahm, das plastische Bild eines Gekreuzigten, das an die traditionellen Christusikonen erinnerte.[80] Wenngleich zahlreiche Gläubige von diesem Fund fasziniert waren, so verhielt sich der Vatikan stets auffallend zurückhaltend.[81]

Erst in den 1970er Jahren sollte der Wissenschaft das Tuch erstmals zugängig gemacht werden. Der amerikanischen Wissenschaftlerkommission, dem *„Shroud of Turin Research Project"*, waren Probenentnahmen bei ihrer Untersuchung jedoch verboten. Erst im Jahre 1988 sollte durch eine Radiokohlenstoffanalyse das Alter des Grabtuches ermittelt werden.

Die entnommenen Stoffproben wurden von drei verschiedenen Instituten unabhängig voneinander analysiert. Die Institute der Universität Oxford, der Eidgenössischen Technischen Hochschule Zürich und der Universität Arizona kamen zu dem Ergebnis, dass das Grabtuch auf die Jahre zwischen 1260 und 1390 n. Chr. zu datieren sei. Als wahrscheinlichster Entstehungszeitpunkt wurde der Mittelwert der Messungen angegeben, was auf das Jahr 1325 führt.[82] Hier ist auffallend, dass die Datierung auf das Jahr 1325 in jenem zeitlichen

---

[79] http://www.sindone.org (aufgerufen am 06.08.2012).
[80] Gerhard Kuhnke, Rom und das Grabtuch, Skandal in Turin. (Berlin,2004) S. 7.
[81] Ebenda.
[82] http://www.shroud.com/nature.htm (aufgerufen am 06.08.2012).

Bereich liegt, in dem das Tuch erstmals öffentlich ausgestellt wurde.

Sofern wir, entgegen der Meinung vieler Verschwörungstheoretiker, davon ausgehen, dass die Untersuchung auf das Genaueste vorgenommen wurde und die Ergebnisse auf einer tatsächlichen, wissenschaftlichen Analyse basieren, enttarnt die C14 Analyse das Grabtuch von Turin als eine mittelalterliche Fälschung. Widerlegt kann dieses Ergebnis nur durch eine erneute Probenentnahme und anschließende Untersuchung werden. Diese erneute Analyse wird von vielen Wissenschaftlern auch deshalb gefordert, weil es Anzeichen gibt, dass die 1988 entnommenen Stoffteile aus einem im Mittelalter geflickten Bereich stammen.

Diese Theorie wurde unter anderem durch den amerikanischen Chemiker Ray Rogers vertreten. Er ging von einem Flickverfahren namens „Invisible Reweaving" aus. Dabei soll ein mittelalterlicher Stoff in das Tuch eingewebt worden sein. Dies sei so hervorragend gelungen, dass man es bei der Probenentnahme nicht bemerkt habe. Rogers analysierte zwei Fäden des Grabtuches auf ihren Vanillingehalt, wobei ein Faden aus der Mitte des Tuches und der andere aus dem Randbereich stammte. Vanillin ist ein Stoff, der beim Zerfall von Lignin im Leinen entsteht. Dieser Zerfall geschieht unter Wärmeinfluss. Die Analyse der Fäden ergab einen großen Unterschied zwischen den Proben. Der Vanillingehalt des mittleren Fadens lag nur noch bei 5%, während jener vom Rand noch 37% aufwies.[83] Rogers folgerte daraus, dass die beiden Tuchteile unterschiedlich alt sein müssen. Das Tuch sei dieser Analyse zu Folge 1300 bis 3000 Jahre alt. Ein großes Problem einer

---

[83] Malteser Hilfsdienst e.V. (Hg.), Wer ist der Mann auf dem Tuch? Eine Spurensuche. (Köln o.J.).

Datierung mit Hilfe des Lignin-Vanillin Zerfalls ist allerdings der Einfluss von Temperatur. So ist es nahezu unmöglich, das Alter des Tuches durch diese Methode festzustellen, da man nicht weiß, welche Durchschnittstemperatur auf das Grabtuch einwirkte. Um dieses Problem zu veranschaulichen, sei folgendes Beispiel angeführt: Bei einer konstanten Temperatur von 25 Grad Celsius wäre das Vanillin nach 1300 Jahren nicht mehr nachweisbar. Bei einer Temperatur von nur 5 Grad Celsius weniger, ist es allerdings erst nach über 3000 Jahren nicht mehr feststellbar. Auch eine erhöhte Temperatur über einen kurzen Zeitraum kann das Ergebnis schwerwiegend verfälschen.[84] Der belegte Brand von 1532 hatte also zweifelsfrei großen Einfluss auf das Ergebnis dieser Analyse. Auch die unterschiedlichen Lagerungsbedingungen der Fäden können das Ergebnis verfälscht haben, zumal diese auch nicht gleichzeitig entnommen wurden.

In den letzten Jahren wurde auch immer wieder über die Webart des Tuches als möglichen Beweis für dessen Alter diskutiert. Das Muster wurde von einer Schweizer Textilspezialistin namens Mechthild Flury-Lemberg als ein „Drei-Zu-Eins-Fischgrätmuster" identifiziert. Dieses Muster ist allerdings nicht nur für die Antike nachweisbar, wie oftmals behauptet wird, sondern sehr wohl auch im Mittelalter. Vor allem die Webqualität des Stoffes wäre für das erste nachchristliche Jahrhundert eine außergewöhnliche Leistung gewesen. Daher ist es äußerst unwahrscheinlich, dass das Tuch wirklich zur Zeit Jesu entstand. Allerdings räumte Flury-Lemberg auch ein, dass es nicht unmöglich wäre. Forscher aus Israel haben hingegen eine erneute Analyse durchgeführt, bei

---

[84] http://www.anomalistik.de/index.php?option=com_content&id=22&lang=de&view=article (02.01.2015).

der sie ein anderes antikes Grabtuch aus Jerusalem als Vergleichsobjekt benutzten. Sie kamen zum Entschluss, dass das Grabtuch von Turin eine viel zu komplexe Gewebestruktur aufweist, um tatsächlich aus dem 1. Jahrhundert zu stammen.[85]

Fraglich ist außerdem nach wie vor, wie genau das Abbild des Gekreuzigten auf das Tuch kam. Erklärungen führen über einen Blitz oder eine chemische Reaktion infolge von Verwesungsgasen bis hin zu einem Abdruck mit Gipsstaub oder durch ein erhitztes oder säurebehandeltes Relief. Viele sehen auch in Leonardo da Vinci den einzig möglichen Erschaffer des Tuches.

Professor Giulio Fanti, Spezialist für mechanische und thermische Messverfahren aus Padua, listete 24 Merkmale auf, die für das Grabtuch kennzeichnend sind. Der Großteil der vorgeschlagenen Verfahren, so Fanti, kommt dieser Liste folgend nicht in Frage. Die meisten Kriterien erfüllt nur jener Ansatz, der mit einer Entstehung des Abbildes durch Strahlung rechnet. Der Forscher erwähnt hierfür zwei mögliche Erklärungen, zum einen eine starke elektromagnetische Strahlung, und zum anderen den sogenannte Korona-Effekt, der durch einen Kugelblitz oder durch Radon-Gas ausgelöst werden kann. Ein großes Problem ist bei dieser Theorie der enorme Energiebedarf.

Im Labor gelangen solche Effekte nur auf zentimetergroßen Stoffstückchen. Um ein Bild von der Größe des Grabtuchs zu erzeugen, wären 34.000 Milliarden Watt nötig. Fanti nimmt deswegen eine Korona-Entladung als möglichste Theorie an. Dieses Phänomen kommt in der Natur als Elmsfeuer vor. Bei einer solchen elektrischen Entladung entstehen UV-Strahlung,

---

[85] http://www.welt.de/welt_print/kultur/article5556568/Fund-in-Israel-stellt-Fragen-an-das-Turiner-Grabtuch.html (02.01.2015).

Wärme und Ozon. Sie erzeugen an einem Gewebe Alterungsspuren, die den verfärbten Partien des Grabtuchs gleichen. Der Italiener konnte eine entsprechende Abbildung herstellen, indem er eine mit einem Tuch bedeckte Hand auf eine handelsübliche Plasmalampe hielt. Allerdings bleibt fraglich, ob diese Bilderzeugung auch mit einem ganzen menschlichen Körper funktioniert. Möglicherweise würden für einen solchen Versuch mehrere zehntausend Volt benötigt, zudem eventuell große Mengen von radioaktivem Gas als Ladungsträger.[86]

Folglich bedarf diese Theorie noch einer genaueren wissenschaftlichen Behandlung, um tatsächlich bewiesen werden zu können. Ein weiteres Indiz dafür, dass es sich bei dem Leinentuch um eine Fälschung handelt, wurde erst kürzlich erbracht. Ein italienischer Professor für Chemie aus Pavia, Luigi Garlaschelli, hat das Turiner Grabtuch im Jahr 2009 kopiert. Sein Team benötigte nur sechs Tage dafür. Für die Herstellung wurden ausschließlich Methoden und Hilfsmittel verwendet, die bereits im Mittelalter geläufig waren. Es wurde ein Leinenstoff mit mittelalterlichen Methoden hergestellt, den man anschließend durch einfaches Waschen und Kochen mit Wasser künstlich altern ließ. Anschließend legte Luigi Garlaschelli das Tuch über einen seiner Studenten. Mit einer rötlichen Pigmentpaste, die ebenso schon im Mittelalter bekannt war, zeichnete er die Konturen des Studenten nach. Der Abdruck des Studenten blieb auf dem Tuch zurück.

Anschließend versetzte er es noch mit den auch am Original befindlichen Blutspuren, Brandlöchern und

[86] http://www.welt.de/kultur/history/article106151671/Professor-vermutet-Starkstrom-im-Grab-Jesu.html (aufgerufen am 06.08.2012) .

Wasserflecken. Die moderne Kopie zeigt eine erstaunliche Ähnlichkeit zum echten Grabtuch.[87]

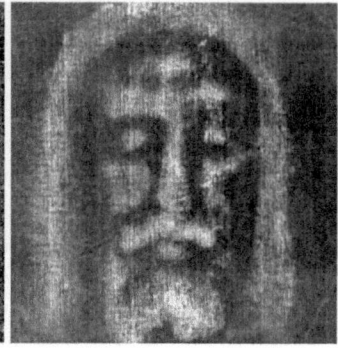

Abb. 4: Negativbild. Rechts das Original, links
die moderne Kopie

Auch im Hinblick auf den Mythos, die Tempelritter wären zeitweise Besitzer dieses Grabtuches gewesen, wirkt sich die Radiokohlenstoffanalyse dahingehend aus, dass man ihn aus wissenschaftlicher Sicht schlicht als unwahr bezeichnen kann.

Zumal die großen Eliten des Ordens in jener Zeit, als das Tuch der Untersuchung zufolge entstand, sich bereits mitten in ihrer Auflösung befanden. Auch andere Punkte, die von Verfechtern dieses Mythos als Beweise angeführt werden, lassen sich als unhaltbar belegen.

Als häufigster „Beweis" für die Wahrheit dieses Templermythos dient meist die Namensähnlichkeit zwischen dem ersten Aussteller des Tuches Geoffroy de Charny und dem Präzeptor der Normandie, Gottfried von

---

[87] http://www.spiegel.de/wissenschaft/technik/vermeintliches-leichentuch-christi-forscher-fertigt-zweites-turiner-grabtuch-a-653524.html (aufgerufen am 06.08.2012).

Charnay, der 1314 zusammen mit Jakob von Molay verbrannt wurde. Eine verwandtschaftliche Beziehung zwischen diesen beiden Rittern ist nicht nachweisbar, aber auch nicht auszuschließen. Der Tempelritter Geoffroy de Charny wurde um 1250 geboren und trat um 1269 in den Orden ein. Seine genaue familiäre Herkunft ist nicht feststellbar.

Es gibt viele Orte mit dem Namen Charnay oder Charny in Frankreich. Diese Tatsache erschwert es, die Abstammung zu rekonstruieren. Eine Verbindung zwischen der Familie des Grabtuchbesitzers und dem Templerorden ist nicht erkennbar.[88] Ein weiterer Beleg für diesen Mythos stellt das gemalte Christusbild von Templecombe aus England dar. Dieses Bild, das auf Holz gemalt wurde, fand man in den 1940er Jahren in einem Haus des Ortes. Ob dieses Gebäude eine Niederlassung der Templer war, ist nicht erwiesen. Die Datierung des Bildes gibt einen Zeitraum des 13. Und 14. Jahrhunderts an.[89]

Das Bild zeigt den lebensgroßen Kopf, der das Antlitz Jesu darstellen soll. Ob es aber tatsächlich dem Grabtuch von Turin nachempfunden wurde, ist fraglich. Die Ähnlichkeit zum Abbild auf dem Grabtuch ist nur auf dem ersten Blick gegeben. Es gibt außerdem zahlreiche andere Christus-Ikonen aus dem Mittelalter, die als Vorbild fungieren hätten können. Außerdem gilt es nicht einmal vollends als gesichert, dass das Gesicht des Mannes überhaupt Jesus Christus sein soll, es könnte sich auch um Johannes den Täufer handeln.[90]

Überdies wird von vielen „selbsternannten" Wissenschaftlern eine Verbindung zwischen dem Tuch und

---

[88] Anke Napp, Templer Mythen. Und was dahinter steckt. (München, 2010) S. 99.
[89] Ebd. S. 89.
[90] Ebd. S. 90.

dem angeblich von den Mitgliedern verehrten Götzen-bild, dem sogenannten „Baphomet" geben. Berufen wird hierbei auf die Aussagen während des Prozesses, in dem mehrere Templer die Anbetung eines Kopfidols beschrieben. Ob es sich dabei um das Grabtuch von Turin handelte, ist anzuzweifeln. Was es mit diesem Baphomet, jenem mystischen Kopfidol, wirklich auf sich hatte, wird Gegenstand des folgenden Kapitels sein.

4.3 Der Baphomet

Im Prozess gegen den Templerorden wurden viele schwere Anschuldigungen gegenüber den Mitgliedern erhoben. Einer der auffälligsten und ausgefallensten Anklagepunkte war die Verehrung eines Götzenbildes, das als „Baphomet" bekannt wurde.

Eine genaue Analyse der Prozessprotokolle führt jedoch zu dem Ergebnis, dass im Templerorden weder Häresie noch unsittliche Missbräuche vorherrschten. Im Erlass König Philipps IV. vom 14. September 1307, der die Verhaftung der Templer im französischen Königreich anordnete, werden die Ordensbrüder der Templer schweren Anschuldigungen ausgesetzt. In seinen Instruktionen, die dem Verhaftungsbefehl beigefügt waren, ist zu lesen, man solle die festgenommenen Templer befragen, ob sie ein Idol in Kopfform verehrten.

Ihnen wurde vorgeworfen, bei der Aufnahme in den Orden müssten sie bei einer rituellen Zeremonie das Kruzifix durch dreimaliges Bespucken schänden und dreimal Christus verleugnen, unsittliche Küsse austau-schen, sich mit ihrem Gelöbnis zu homosexuellen Prak-tiken verpflichten und dunklen Dämonen Opfer darbringen. Diese Vorwürfe bildeten die Grundlage für die ersten drei Verfahren des Prozesses.[91]

Obwohl die Götzenverehrung ein fester Bestandteil der schriftlichen Verhöre war, redeten nur sehr wenige Templer in ihren erzwungenen Geständnissen über den „Baphomet".[92] Dieses Idol sollte magische Kräfte besitzen. Es würde Reichtümer schaffen, den Samen keimen und Bäume blühen lassen.[93]

Die Mehrheit der geständigen Zeugen machte widersprüchliche Angaben zu den Vorwürfen. Viele erklärten, zur Verleugnung aufgefordert worden zu sein, man habe Christus einen „falsus propheta" nennen müssen. Ein Großteil der befragten Templer machte überhaupt keine Angaben zu diesem Anklagepunkt. Einige sprachen aber davon, dass es in den orientalischen Gebieten Idole gäbe, oder dass sie erst nach der Verhaftung von derartigen Idolen gehört hätten. Die Optik des Idols wurde ganz verschieden geschildert. Die Beschreibungen reichen von einem schwarzen und hässlichen Haupt in Form eines menschlichen Kopfes, einem weißen Haupt mit Bart, einem vergoldeten Haupt, von einer Statue aus Messing, einem Haupt mit zwei Gesichtern, einem Haupt mit drei Gesichtern bis hin zu einem Idol mit vier Füßen.

In einigen wenigen Protokollen trägt das Idol einen Namen. Der Name „Baphomet" kommt in den Aussagen nur sehr selten vor. Der Name „Baphomet" ist ein Verweis auf die Kontakte des Templerordens mit den muslimischen Sarazenen. Diese sollten nach der christli-

---

[91] Anke Krüger, Das Baphomet-Idol. Ein Beitrag zur Provenienz der Hauptvorwürfe gegen den Templerorden. In: Historisches Jahrbuch. (Bd. 119, 1999) S.120.

[92] http://www.historicum.net/no_cache/persistent/artikel/7934/ (=Peter Dinzelbacher, Baphomet. In: Lexikon zur Geschichte der Hexenverfolgung. Hrsg. v. Gudrun Gersmann).

[93] Anke Krüger, Das Baphomet-Idol. Ein Beitrag zur Provenienz der Hauptvorwürfe gegen den Templerorden. In: Historisches Jahrbuch. (Bd. 119, 1999) S.121.

chen Vorstellung der damaligen Zeit einen Gott namens *„Baphomet"* oder *„Bafumetz"* verehren. Diese antimuslimische Propaganda wurde in schriftlichen Quellen seit dem späten 11. Jahrhundert verbreitet. Tatsächlich ist das Wort eine Dämonisierung des Namens *„Mohammed"*. Die Ähnlichkeit zum biblischen Monster *„Behemoth"* ist daher sicherlich kein Zufall. Der Vorwurf des Götzendienstes war im Mittelalter eine Standardanklage gegenüber allen Nichtchristen.[94] So findet man beispielsweise die Götter *„Bafum/Bafumet et Travagan"* sowie Mohammed als deren Abgesandten und Propheten in einem provenzalischen Gedicht über das Leben des Heiligen Honorat, welches im Jahre 1300 verfasst wurde. Im Chanson *„Simon de Pouille"*, niedergeschrieben um das Jahr 1235, ist ebenfalls die Rede von einem Idol mit dem Namen „Bafumetz". Raimond d'Aigulhers, Chronist des Ersten Kreuzzuges, bezeichnet die Moscheen als „Bafumarias". Von der Verehrung eines Götzenbildes berichtet auch der Chronist und Bischof von Akkon, Jacques de Vitry, in seiner *„Historia Orientalis"*.[95] Ein weiterer Interpretationsansatz führt zum altgriechischen Wort „Bafh" (Taufe) und „Meteos" (Weihe). Dies könnte ein Verweis auf Johannes den Täufer sein, der als Patron der Rittermönche fungierte.

Dadurch könnte man das Rätsel des weißen Hauptes mit Bart auflösen. Es könnte sich bei diesem Idol um eine Kopfreliquie von Johannes dem Täufer handeln.[96] Es gibt auch den Interpretationsansatz, der das Wort „Baphomet" als ein nach einer kabbalistischen Methode chiffriertes Wort für „Weisheit" bezeichnet.

---

[94] http://www.historicum.net/no_cache/persistent/artikel/7934/ (=Peter Dinzelbacher, Baphomet. In: Lexikon zur Geschichte der Hexenverfolgung. Hrsg. v. Gudrun Gersmann).

[95] http://www.templerlexikon.uni-hamburg.de/ (10.08.2012).

[96] Hartwig Sippel, Die Templer. Geschichte und Geheimnis. (Wien, München, 1996) S. 236.

Die als „Atbash" bekannte Verschlüsselungstechnik ist leicht erklärt. Man nimmt die ersten elf Buchstaben des hebräischen Alphabets und schreibt sie in eine Reihe. Die übrigen elf werden darunter geschrieben, beginnend mit dem letzten Buchstaben. Zur Ver- bzw. Entschlüsselung werden nun einfach die Buchstaben dementsprechend gegeneinander getauscht.

Der hebräischen Schreibweise von Baphomet entspricht das in lateinischen Buchstaben geschriebene Wort „BPVMTh". Nach der Atbash-Verschlüsselung ergibt sich folglich das Wort „ShVPIA". Dies wird und wurde oft als „Sophia" gedeutet, welches das griechischen Wort für „Weisheit" ist.

A	B	G	D	H	V	Z	Ch	T	I	K
Th	Sh	R	Q	Tz	P	O	S	N	M	Z

Die Atbash-Verschlüsselung

Für viele ist dies ein Hinweis auf das geheime Wissen der Templer. Der Baphomet wäre also der sagenumwobene Stein der Weisen gewesen.[97] Diese Theorie muss man aber durchaus kritisch betrachten, da sie auf mehr als tönernen Beinen steht. Die Ansicht, dass die Sarazenen den „Baphomet" verehrten, wurde schon im Jahr 1098 vom Kreuzfahrer Anselm de Ribaumont verbreitet. Die Gleichsetzung von Islam und Heidentum sowie die Verbindung mit vorhandenen antiken Götterbildern ist sehr alt.

---

[97] Robert Bouchal, Das geheime Netz der Templer. Wege und Spuren in Österreich. (Wien, 2010) S. 18.

Auch die Heiligenlegende des Bischofs Thiemo von Salzburg, die er zu Beginn des 12. Jahrhunderts verfasste, griff die Götzenverehrung im Islam auf. Es wird berichtet, wie der Heilige auf dem Kreuzzug gefangengenommen wird und ein Götzenbild restaurieren soll. Im Alten Testament, wie etwa im Kapitel über die Eroberung des Gelobten Landes durch die Israeliten, wurde den Illustratoren der Handschriften, aber auch Steinmetzen Gelegenheit geboten, ihre Vorstellung von „Götzendienst" abzubilden. In den Psalmen werden heidnische Götzenbilder aus Silber und Gold ebenso erwähnt. Die meisten mittelalterlichen Künstler stellten die Götzenbilder als auf Säulen stehende Figuren dar, manchmal mit eindeutig teuflischen Zügen, nämlich mit Hörnern und Hufen.

Auch in vielen Heiligenlegenden, in denen der Heilige sich bei der Ausbreitung des christlichen Glaubens den heidnischen Götzenkulten entgegenstellen muss, finden sich Abbildungen solcher Idole. Häresie und Götzenverehrung waren als Sinnbild für die Verleugnung des wahren katholischen Glaubens Teil des überaus beliebten Bildprogramms der zwölf Tugenden und zwölf Laster, das an vielen Portalen von Kirchen angebracht wurde. Es ist auch denkbar, dass diverse Darstellungen aus der Tradition der Apokalypse-Phantasien hier Eingang fanden. Diese waren den gelehrten Verfassern der Anklageartikel und den Inquisitoren vor Ort sicherlich nicht gänzlich unbekannt.

So existiert beispielsweise der Topos eines dreiköpfigen Antichristen, was eine Anspielung auf die göttliche Trinität darstellt. Die Ähnlichkeit zwischen diesen, teils historischen, teils legendären Vorwürfen gegen die Muslime und den Anklagen gegen die Templer ist durchaus auffallend.

Angesichts der Ereignisse in Palästina ist es sehr wahrscheinlich, dass die Hauptanklagepunkte gegen den Orden hauptsächlich aus der antiislamischen Auseinandersetzung übernommen wurden. Durch den berühmten Dichter und Orientalisten Joseph Freiherr von Hammer-Purgstall wurde die wissenschaftliche Diskussion über den „Baphomet" aufgenommen. Hammer-Purgstall veröffentlichte 1818 eine Arbeit über die Mysterien dieses Idols. In dieser Studie stellt er die Behauptung auf, der Baphomet sei Teil der geheimen Lehre der Templer, der nach seiner Meinung eine Form des häretischen Gnostizismus war. Der Hauptteil seiner Abhandlung behandelt Skulpturen einer romanischen Kirche in Niederösterreich (Schöngrabern), die er als einen Bilderzyklus interpretiert, der die geheime Doktrin des Ordens repräsentiere.[98]

Der Baphomet verursacht bis in unsere heutige Zeit verschiedenste Vorstellungen. Zahlreiche mehr oder weniger okkulte Gruppen behaupteten und behaupten nach wie vor, die wahren Erben der Tempelritter zu sein, und überliefern in gleicher Weise den Namen Baphomet. Der Führer und Gründer der esoterischen Sekte „*Ordo Templi Orientis*", Aleister Crowle, nannte sich selbst sogar „allmächtiger Baphomet" und ließ sich als Inkarnation Satans verehren. Wir können folglich festhalten, dass der „*Baphomet*" eine Erfindung der mittelalterlichen antiislamischen und antitemplerischen Propaganda war. Im 18. Jahrhundert wiederentdeckt, wurde der Name mit verschiedenen okkulten Gruppen in Verbindung gebracht, die behaupteten, geheime Templertraditionen aufrechtzuerhalten. Es wurde allerdings zu

---

[98] http://www.historicum.net/no_cache/persistent/artikel/7934/ (=Peter Dinzelbacher, Baphomet. In: Lexikon zur Geschichte der Hexenverfolgung. Hrsg. v. Gudrun Gersmann).

keiner Zeit, weder in der Antike noch im Mittelalter oder in der Frühen Neuzeit irgendeine Gottheit oder ein Dämon namens „Baphomet" verehrt, noch existierte jemals ein Kultbild mit diesem Namen. Die Geständnisse einiger Ordensbrüder, dass man ein Götzenbild angebetet hätte, sind demnach als eine Folge der Folterungen anzusehen. Unter dem Eindruck der Folter gelang es den Inquisitoren leicht, jene Aussagen der Gefangenen zu erreichen, die sie haben wollten.

4.4 Die Architektur und Symbole der Templer Architektur

Weitere Mythen ranken sich um die Kirchen und die darin vorhandenen Symbole des Templerordens. Sie sollen Anzeichen für geheimes Wissen sein, das der Orden gehütet habe. Doch kann man wirklich anhand gewisser Symbole oder eines bestimmten Aufbaues feststellen, ob es sich um eine Templer-Kirche handelt oder nicht? Gab es eine Templerarchitektur mit eigenen Regeln?

Zunächst ist einmal festzuhalten, dass nicht alle Kirchen, welche die Templer besaßen, Rundkirchen waren. Alle Komtureien hatten eine eigene Kapelle oder Kirche. Die meisten waren ein eigenes Gebäude unweit des Konvents. Zu berücksichtigen ist außerdem, dass nicht alle dieser Kirchen von den Templern selbst errichtet wurden. Oft waren diese Kirchen bereits Teil der Schenkungen, die an den Orden gingen. [99] Man kann bei der Architektur des Ordens drei verschiedene Bautypen feststellen. Die viereckigen, einschiffigen Kirchen finden sich mehrheitlich in Westfrankreich und entsprechen

---

[99] http://www.templerlexikon.uni-hamburg.de/ (19.08. 2012).

der dort üblichen Bautradition. Kirchen vom zweiten Typus, der zusätzlich noch eine halbreisförmige Apsis mit einer Halbkugel besitzt, dürfte am weitesten verbreitet gewesen sein. Der Zentralbau ist hingegen nur sehr selten nachweisbar. Denn selbst der reiche Templerorden konnte es sich nicht leisten, solche aufwändigen Bauten in jeder Niederlassung zu errichten.[100]

Ein zentraler, kreisförmiger oder polygonaler Grundriss ist also eine Ausnahme, obwohl es von vielen „Templerforschern" und Esoterikern stets anders behauptet wird. Zurückzuführen ist diese Ansicht auf den französischen Architekten und Kunsthistoriker Eugène Emmanuel Viollet-le-Duc, der im 19. Jahrhundert behauptete, dass es in jeder Templerkomturei eine Rundkirche gäbe. Als Vorbild sollte den Templern nach Viollet-le-Ducs Ansicht der Tempel des Herrn oder die Grabeskirche gedient haben. Eine geheimnisvolle Alchimie der Zahlen soll hier ebenso prägend gewesen sein.[101] Anschließend schrieb man viele Zentralkirchen den Templern zu, gelegentlich sogar ohne einen dementsprechenden historischen Beleg.

Ein Beispiel für eine derartige Fehlinterpretation stellt die Rundkirche von Petronell in Niederösterreich dar, die allerdings mit ziemlicher Sicherheit eine Gründung einer lokalen Dynastie war.[102]

Die wichtigste bzw. die einzige Quelle, die diese Kirche in Zusammenhang mit den Tempelrittern bringt, ist keineswegs ausreichend, um sie eindeutig als Templerkirche zu identifizieren. Auf einer Karte des Malers Clemens Beutler aus dem Jahr 1655 findet sich die ein-

---

[100] Hartwig Sippel, Die Templer. Geschichte und Geheimnis. (Wien, München, 1996) S. 254.
[101] Alain Demurger, Die Templer. Aufstieg und Untergang. 1120-1314. (München, 2007) S. 159.
[102] Anke Napp, Templer Mythen. Und was dahinter steckt. (München, 2010) S. 13.

zige schriftliche Erwähnung der Kirche als Templerbau. So kann man bei der Abbildung der Rundkirche lesen: *„Sanct Johanes Kirchen von den Tempel Herrn gebauwet"*.

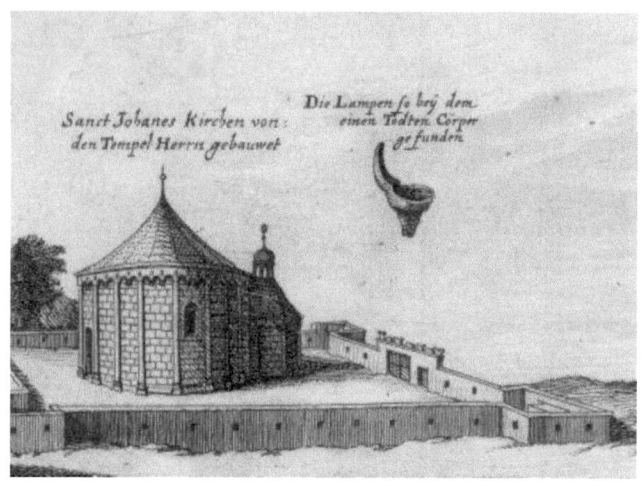

Abb. 5: Clemens Beutlers Karte aus dem Jahre 1655 (Ausschnitt)

Als weitere Begründung, dass es sich hier um eine Templerkirche handeln müsse, dienen zwei Kreuze, die am Eingang der Kirche zu finden sind. Dass sich aber an vielen Kirchen solche Kreuze finden, die garantiert nicht mit den Templern in Verbindung stehen können, bleibt oft unerwähnt.[103]

---

[103] Vgl. Ferdinand Neudlinger, Manfred Müksch, Die Templer in Österreich. Auf den Spuren der geheimen Lehrmeister der Freimaurer. (Innsbruck, Wien, 2001) S. 70-72.

Unklar ist es zudem, welcher Kirchenbau für die vermeintlich templerischen Zentralkirchen als Vorbild gedient haben soll. Es ist möglich, dass das Heilige Grab von Jerusalem als solches diente, wie dies bei den meisten Rundkirchen der Fall gewesen ist. Die meisten von ihnen haben aber nichts mit den Templern zu tun.[104] Beim Heiligen Grab handelt es sich um eine Rundkirche, bestehend aus acht Säulen und acht Pfeilern, die in ihrer Mitte eine anfangs oktogonale, später runde Ädikula mit einem rechteckigen Zentrum hatte. Als weiteres Vorbild wird auch oft der Felsendom erwähnt, der zur Zeit der Kreuzfahrer den Namen „Templum Domini" trug. In ihm gibt es vier Pfeiler und zwölf Säulen, welche die Kuppel tragen.

Außerdem führt ein oktogonaler Umgang um den heiligen Fels im Inneren. Es gibt in der Tat zahlreiche Kirchen, die das Heilige Grab nachahmten. Sie waren allerdings nie exakte Kopien.[105] Aber die Zahlen 8 und 16 spielen oft eine wichtige Rolle.

In der jüdischen Kabbalistik steht die Zahl 8 für „Erneuerung" und für „Wiedergeburt". Diese Zahlmystik wurde später auch vom Christentum übernommen. Der Kreis an sich hat schon seit der Antike eine mystische Bedeutung. So wiederholt sich mit dem Kreislauf das Vergangene. Im Mittelalter wurden Zentralbauten meist an jenen Orten errichtet, die für den Kreislauf des Lebens prägend sind, nämlich an denen des Lebensanfangs und jenen des Todes, nämlich in den Baptisterien und den Grabeskirchen.[106]

---

[104] Peter Dinzelbacher, Ein geheimnisumwitterter Orden? Die Templer. (Freiburg i.B., 2002) S. 87.

[105] http://www.templerlexikon.uni-hamburg.de/ (19.08. 2012).

[106] Hartwig Sippel, Die Templer. Geschichte und Geheimnis. (Wien, München, 1996) S. 255.

Einige wichtige Kirchen des Ordens sind aber tatsächlich Zentralbauten. Als älteste Zentralkirche des Templerordens gilt allgemein der Old Temple in London, welcher in der Mitte des 12. Jahrhunderts als erste Kapelle der dortigen Komturei errichtet wurde. Dessen Aufbau wurde im Jahr 1160 beim Bau des „New Temple" in London als Vorbild verwendet. Eine mächtige Rotunde baut sich bei diesem Bauwerk auf insgesamt sechs Arkaden auf, die von Bündelpfeilern getragen werden. Die Einweihung fand im Jahr 1185 unter der Leitung des Patriarchen von Jerusalem statt. Um das Jahr 1230 wurde zudem ein rechteckiger, dreischiffiger Chorraum angefügt.[107] Vermutlich war der Zentralbau für die religiösen Erfordernisse nicht mehr ausreichend. Der „New Temple" war ebenso wie der „Old Temple" der Heiligen Maria, der Patronin des Ordens, geweiht. Zahlreiche Templerkirchen in England folgten dem Vorbild der Hauptkirche in London. Ein Beispiel dafür findet sich unter anderem in Bristol.[108]

Andere Zentralbauten der Templer finden sich in Kastilien, wie die Kapelle von Segovia oder auch in Portugal, mit der Kirche von Tomar. Die berühmteste Schwester der Londoner New Temple Church ist sicherlich die Templerkirche von Paris, erbaut um das Jahr 1160.

Der „Temple" von Paris kopiert den Grundriss des „New Temple" ganz genau. Auch in Paris findet sich eine zwölfseitige Rotunde mit sechs Pfeilern im Innenraum. Und auch hier fügte man Anfang des 13. Jahrhunderts einen rechteckigen Chorraum an und erweiterte diesen Chor später noch mit einer Apside.[109]

---

[107] Peter Dinzelbacher, Ein geheimnisumwitterter Orden? Die Templer. (Freiburg i.B., 2002) S. 85.
[108] Anke Napp, Templer Mythen. Und was dahinter steckt. (München, 2010) S. 20-21.
[109] http://www.templerlexikon.uni-hamburg.de/ (19.08. 2012).

Die Frage, die sich aber nun stellt, ist jene, wie eine durchschnittliche Templerkirche nun tatsächlich ausgesehen hat. Grundsätzlich waren Templerkirchen schlicht gehalten. Auch im Inneren sind die meisten eher spärlich geschmückt. Dies ist wohl auf den Einfluss der Zisterzienser zurückzuführen, die gegen prächtige Ausschmückungen in Kirchen waren. Es gibt aber auch Kapellen, die ausgemalt wurden. Das Dekor ist oft geometrisch, mit stilisierten Blumen und Linien.[110]

Doch nicht nur im Kirchenbau sondern auch auf dem Gebiet der Militärarchitektur war der Templerorden aktiv. Man geht davon aus, dass der Orden sich hierbei stets an den regionalen Traditionen orientierte und die jeweiligen Einflüsse beim Burgenbau berücksichtigte.[111] Ein Beispiel für eine solche Templerburg ist die in Katalanien nördlich der Stadt Tortosa liegende Burg Miravet. Diese wurde im Zuge der „Reconquista" errichtet, um die Grenze im Süden zu sichern. Im Jahr 1153 wurde dem Orden von König Raimund Berengar IV. von Aragon dieses Gebiet übertragen. Sie sollten den Kampf gegen den Islam in Europa unterstützen. Die mächtige Burg war nicht nur wegen ihrer Lage sondern auch wegen ihres Aufbaus schwer einzunehmen.

Der Eingang stellt eine Besonderheit dar, weil er einen 15 Meter langen Tunnel darstellt, der an seinem Ende rechtwinkelig abbiegt. Ein Angriff mit Hilfe eines Rammbockes war hier folglich sinnlos. Diese Art von Verteidigungsbau wurde aus der islamischen Militärarchitektur aufgenommen.[112] Insgesamt war diese Burg eine äußerst fortschrittliche Wehranlage. Man verwende-

---

[110] Alain Demurger, Die Templer. Aufstieg und Untergang. 1120-1314. (München, 2007) S. 161f.
[111] Peter Dinzelbacher, Ein geheimnisumwitterter Orden? Die Templer. (Freiburg i.B., 2002) S. 79.
[112] Ebd. S. 81.

te außerdem nicht den damals üblichen würfelförmigen Wohnturm sondern den erst später weit verbreiteten Typ einer Randhausburg.[113]

Bei der Erforschung von Templerburgen gilt gleich wie bei den Templerkirchen zu berücksichtigen, dass nicht alle Burgen vom Orden errichtet wurden. Viele wurden ihm im fertigen Zustand übergeben.

Symbole

Als Beweis, dass eine Kirche oder Burg vom Templerorden errichtet wurde, dienen vielen, auch oft „selbsternannten Wissenschaftlern", bestimmte Zeichen und Symbole, die dem Orden zugeschrieben werden.

Bevor wir auf mögliche „falsche" Templersymbole eingehen können, müssen wir uns den Symbolen zuwenden, die dem Orden mit Sicherheit zugeschrieben werden können.

Als wichtigstes Erkennungszeichen des Ordens galt von Anfang an der weiße Mantel der Tempelritter. Er war den Oberen der Ordenshierarchie vorenthalten. Die Farben gehen wiederum auf die Zisterzienser zurück. Weiß steht für die Mönche, aber auch für Unbeflecktheit und Gesundheit. Braun steht für die Laienbrüder.

Papst Eugenius III. erlaubte den Templern im Jahre 1147, ständig ein rotes Tatzenkreuz an ihren Mänteln zu befestigen. Die rote Farbe repräsentiert die Leiden Christi aber auch das Leben an sich. Das Kreuz selbst symbolisiert die Bindung der Templer an das Kreuzzugsgelübde.[114] Seither gilt das rote Tatzenkreuz als ein wichtiges Erkennungszeichen des Templerordens.

---

[113] Peter Dinzelbacher, Ein geheimnisumwitterter Orden? Die Templer. (Freiburg i.B., 2002) S. 82.

[114] Alain Demurger, Die Templer. Aufstieg und Untergang. 1120-1314. (München, 2007) S. 67.

Es finden sich heute auch mehrere pseudo-wissenschaftliche Herleitungen des Tatzenkreuzes als Templersymbol. Der deutsche Mathematiker Wolfgang Ast fand eine kuriose mathematische Lösung für die Herkunft des Kreuzes. Dabei schrieb er zwei Tatzen-kreuze in ein Zahlenraster ein. Durch die Addition der Zahlen an den Kreuzspitzen des oberen Tatzenkreuzes geteilt durch den Mittelpunkt ergibt sich die Zahl 9. Die 9 soll auf die Gründungsmitglieder des Ordens mitsamt dem Großmeister verweisen. Dasselbe Rechenbeispiel ergibt sich auch für das untere Tatzenkreuz. Für Ast ist diese Zahlenspielerei der Beleg dafür, weshalb die Wahl der Templer auf das Tatzenkreuz fiel.[115] Historische Belege für diese Theorie gibt es aber selbstredend nicht und sie kann ernsthaft angezweifelt werden, zumal diese Rechenbeispiele allzu konstruiert wirken.

Ein weiteres oft verwendetes Symbol stellt das Sie-gel der Templer dar. Auf einer Seite ist ein Kuppelbau zu sehen, der als die Grabeskirche interpretiert wird. Dies soll ein Hinweis auf die Schutzfunktion gegenüber den Pilgern sein. Viel interessanter ist hingegen die an-dere Seite des Siegels. Zu sehen sind hier zwei Reiter auf einem Pferd. Die Umschrift lautet: *„Sigillum Militum Christi"*. Die Interpretationen dieses Abbildes sind viel-seitig. Verbreitet ist die Ansicht, dass es ein Hinweis auf die anfängliche Armut des Ordens ist. Dies ist allerdings unwahrscheinlich. Eher scheint hier auf das gemein-schaftliche Leben der Brüder verwiesen zu werden, wie es auch in der Ordensregel häufig zu finden ist.[116]

---

[115] Robert Bouchal, Das geheime Netz der Templer. Wege und Spuren in Österreich. (Wien, 2010) S. 14f.

[116] Alain Demurger, Die Templer. Aufstieg und Untergang. 1120-1314. (München, 2007) S. 68.

Abb. 6: Das Templersiegel

Ein weiteres Siegel war auch stets eine Quelle für zahllose Verschwörungstheorien. Darauf ist innerhalb der Umschrift *„Secretum Templi"* eine schlangenfüßige Gestalt mit einem Hahnenkopf dargestellt. Hierbei handelt es sich um die Darstellung eines sogenannten *„Abraxas"* oder *„Abrasax"*.

Dieses Monstrum aus der griechisch-orientalischen Geheimlehre steht für den „Herren der Zeiten", den Weltenschöpfer. In der späten Antike galt er als Lichtgott des Agathos Daimon und war der Geheimname Gottes.[117] Diese antiken Figuren, die oft in Edelsteine geschnitten wurden, erfreuten sich auch im Mittelalter großer Beliebtheit. Sie wurden für Gestalten aus der Bibel gehalten und wurden als eine Art Naturwunder gesehen. Auch Könige und andere Adelige bedienten sich dieser heidnischen Abbilder. So benutze Karl der Große ein Abbild des Jupiter Serapis als Privatsiegel.[118]

---

[117] Hartwig Sippel, Die Templer. Geschichte und Geheimnis. (Wien, München, 1996) S. 259.
[118] Ebd. S. 261.

Abb. 7: Das Abraxas-Siegel

Eine besonders kuriose Theorie im Zusammenhang des Abraxas sei hier noch erwähnt. Der Franzose Jaques de Mahieu wollte im Jahre 1979 mit diesem Siegel beweisen, dass die Templer in Amerika gewesen seien, weil sich auf dem Siegel einwandfrei eine Darstellung eines Indianers mit Federnschmuck erkennen lasse![119] Jeglicher weiterer Kommentar scheint hier wohl überflüssig. Erwähnt sei hier auch die schwarz-weiße Standarte, die *baucent* oder *beausseant* genannt wurde. Weiß steht hier dafür, dass der Orden für die Freunde Christi freundlich und gut ist, und schwarz dafür, dass er gegen die Feinde Christi düster und schrecklich ist.[120]

Es gibt jedoch keine geheime Symbolik, die einzig und allein dem Templerorden zuzuschreiben ist. Tatzenkreuze oder Rosetten finden sich an und in vielen mittelalterlichen Kirchen und Kapellen. Diese Elemente sind ein wichtiger Teil der mittelalterlichen katholischen Mystik der Welterklärung. Dies gilt für Tatzenkreuze

[119] Hartwig Sippel, Die Templer. Geschichte und Geheimnis. (Wien, München, 1996) S. 260.
[120] Ebd. S. 256.

ebenso wie für Rosetten. Das sechsstrahlige, oftmals als „Templerrosette" bezeichnete Rosenabzeichen, ist ein bis ins Altertum zurückreichendes Symbol und wurde weder ausschließlich von den Templern benutzt noch von ihnen aus dem Orient importiert. Das Rosettensymbol ist eine geometrische Konstruktion, die als Vollkommenheitssymbol und auch als ein Schutzamulett gegen den „Bösen Blick" Verwendung fand.[121]

Es findet sich bereits im Bauschmuck der koptischen Christen aus dem 4. Jahrhundert, bei den Westgoten im 7. Jahrhundert, aber auch im Bodenmosaik der Kathedrale von Pisa.[122]

Die Suche nach tatsächlichen Templerkirchen ist somit äußerst schwierig. Es bedarf einer genauen Analyse der vorhandenen schriftlichen Quellen. Anhand von Zeichen und Gemälden oder auch architektonischen Besonderheiten lässt sich eine Templerkapelle nicht mit Sicherheit identifizieren. Leider wird dies allzu oft missachtet. Gewisse Begründungen werden immer wieder verwendet, um eine Kapelle als templerisch zu entlarven. Mitunter denkbare Hinweise für Templerkapellen sind demnach neben der angeblich häufigen Rundkirchenform Kapellen, die an alten Pilger- und Handelswegen lagen, ein vermeintlich wehrhaftes Äußeres der Kirche, eine hohe Qualität der Bauten, die aufgrund der übernommenen arabischen Baukunst zustande kam, sowie Grabsteine ohne Inschriften, die als Templergrabsteine gedeutet werden könnten.[123] Diese Beweise mögen grundsätzlich richtige Ansätze aufweisen, können aber die Bearbeitung des restlichen Quellenbefundes, wie beispielsweise die Urkunden, nicht ersetzen.

---

[121] Anke Napp, Templer Mythen. Und was dahinter steckt. (München, 2010) S.27.

[122] http://www.templerlexikon.uni-hamburg.de/ (19.08. 2012).

[123] Robert Bouchal, Das geheime Netz der Templer. Wege und Spuren in Österreich. (Wien, 2010) S. 36.

Der Hinweis auf die übernommene Baukunst der Araber ist durchaus plausibel, zumal die Templer sich immer der jeweiligen örtlichen Bauart anpassten. In den Grenzgebieten der christlichen Herrschaft, wie beispielsweise im Heiligen Land oder den spanischen Königreichen, wurden von den Templern Befestigungen nach neuesten Entwicklungen des Burgenbaus errichtet. Vorbilder hatte man sowohl in Europa als auch in Palästina.[124]

4.5 Der geheime Schatz der Templer

Seit Jahrhunderten ist der legendäre Schatz der Tempelritter Bestandteil von Spekulationen. Der Schatz ist eng mit der Legende verknüpft, dass Templer vor dem Prozess geflohen seien und den Schatz auf die britischen Inseln gebracht hätten. Über den Ort, an dem er verwahrt wurde und heute noch versteckt sein soll, gibt es die verschiedensten Theorien. So soll er sich in England, in Schottland, in Frankreich oder sogar in Nordamerika befinden. Was dieser Schatz nun genau umfassen soll, wird ebenfalls verschieden interpretiert. Einer Interpretation zufolge soll es sich um einen sagenhaften Goldschatz handeln, in dem sich außerdem wertvolle Reliquien befinden sollen, wie beispielsweise der bereits behandelte Heilige Gral. Eine andere Auslegung geht eher von einem esoterischen Ansatz aus.

Demnach soll der Schatz besondere Geheimnisse über die Welt in sich bergen. Das Problem, vor dem wir stehen, ist also jenes, ob die Templer wirklich über einen derart großen Reichtum verfügten, wie immer wieder behauptet wird. Dass die Templer durch Wechselgeschäfte mit Geld und durch das ausgeklügelte Banken-

---

[124] http://www.templerlexikon.uni-hamburg.de/ (19.08. 2012).

wesen des Ordens wohlhabend wurden und große Reichtümer anhäufen konnten, gilt weitestgehend als bewiesen.

Die finanziell wichtigste Grundlage des Ordens stellten die Einnahmen aus der Landwirtschaft dar. Die erwirtschafteten Überschüsse mussten an die zentrale Institution überwiesen werden. Über den zentralen Templerschatz, der in Paris aufbewahrt wurde, sind Quellen erhalten.

Die Abrechnungen, die aus den Jahren 1295 und 1296 stammen, verzeichnen Einzahlungen von den verschiedensten Komtureien. Auffallend ist hierbei, dass der Großteil der Zahlungen zwischen Dezember und Februar oder im Juli erfolgte. Sie standen folglich in Beziehung zu den Erntezeiten als auch zu der wichtigsten Pilgerzeit ins Heilige Land.[125] Diese Abrechnungen nennen außerdem 60 Konten von verschiedenen geistlichen und weltlichen Würdenträgern, wie beispielsweise der königlichen Familie.[126]

Als die Kreuzzüge ins Heilige Land vor dem Ende standen und nach und nach Gebiete an die Araber verloren gingen, begann für den Templerorden auch eine finanzielle Krise. So war der Orden beispielsweise gezwungen, Besitzungen an den Deutschen Orden zu verkaufen.[127] Die Templer waren folglich relativ wohlhabend, hatten aber nach den Niederlagen in den letzten Kreuzzügen schwere Verluste zu verzeichnen. Sie hatten also vermutlich keinen sagenhaft großen Schatz in ihrem Besitz.

Dass während der Verhaftungswelle des Jahres 1307 in den Komtureien viele Kostbarkeiten, wie das gesamte

---

[125] Jürgen Sarnowsky, Die Templer. (München, 2009) S. 78-79.
[126] Ebd. S. 83.
[127] Anke Napp, Templer Mythen. Und was dahinter steckt. (München, 2010) S. 121.

Kircheninventar, in die Hände der Verfolger fielen, scheint außerdem ein Indiz dafür zu sein, dass es keine groß angelegte Flucht gab, bei der man die kostbarsten Wertgegenstände des Ordens in Sicherheit hätte bringen können. Natürlich könnte man auch behaupten, dass es sich dabei um ein geschicktes Ablenkungsmanöver gehandelt habe und die Messbecher und andere Kirchengeräte geopfert wurden, um vom tatsächlichen Schatz abzulenken, wenn es ihn denn jemals gegeben hat. Weshalb es zu dem Bild kam, dass die Templer ungeheure Schätze in Paris horteten, ist leicht erklärt. Es dürfte sich hier um eine Mischung aus Neid der zeitgenössischen Umwelt und der allzu großen Fantasie der modernen Schatzsucher handeln. Für die Zeitgefährten war der Templerorden durchaus ein Objekt der Faszination.

Durch ihren finanziellen Einfluss bis in die höchsten adeligen Kreise entstand vermutlich schon damals die Ansicht, dass die Templer riesige Kapitalressourcen besitzen mussten. Dieses Vorurteil führte dazu, dass sich bis heute immer wieder Menschen finden, die keinerlei Zweifel an der Existenz des Templerschatzes hegen. Ihnen dienen auch oft Zeugenaussagen von Ordensbrüdern vor der päpstlichen Kommission als Beleg für dessen Existenz. So sagte Bruder Johannes der Katalane, seines Zeichens Komtur von Namur, im Jahre 1308 aus, dass es gelungen sei, den Schatz mit 50 Pferden auf 18 Schiffe zu verladen und dann in Sicherheit zu bringen.[128] Wie glaubhaft diese Aussage ist, zeigt sich schon allein anhand der Tatsache, dass sie selbstredend durch Folterung erzwungen wurde.

Man kann davon ausgehen, dass der französischen Krone die erbeuteten Wertsachen zu gering erschienen und sie nun versuchte, den allerletzten Rest für sich

---

[128] Anke Napp, Templer Mythen. Und was dahinter steckt. (München, 2010) S. 123.

herauszuschlagen. Wie auch immer. Bis heute hält sich die Legende vom Schatz der Tempelritter.

Wenn man auch ernsthaft an seiner Existenz zweifeln kann, gibt es immer wieder Schatzsucher oder Sensationsreporter, die behaupten, das Rätsel um den Schatz gelöst zu haben. Ein Franzose brüstete sich sogar damit, dass er ihn gefunden hätte. Es war in den 60er Jahren, als ein französischer Schlosswächter namens Roger Lhomoy behauptete, er habe unterhalb des Schlosses Gisors in der Normandie einen riesigen Schatz gefunden.

Er stieß nach eigenen Angaben auf einen dreißig Meter langen und neun Meter breiten Saal mit lebensgroßen Statuen von Christus und den Aposteln, 19 Särgen und 30 riesigen aus Edelmetall gearbeiteten Truhen. Aber als der Hobby-Schatzsucher die Gemeinde von seinem Fund informieren wollte und diese ihm einen offiziellen Vertreter schickte, war von dem unterirdischen Saal nichts mehr zu sehen. Der Tunnel war eingestürzt und ein erneutes Graben schien lebensgefährlich zu sein. Anschließend wurde Lhomoy gekündigt. Man misstraute dem Schatzsucher. Durch den Journalisten Gerard de Sède bekam Lhomoy Unterstützung. De Sède war davon überzeugt, dass Lhomoy den sagenumwobenen Schatz der Tempelritter gefunden hatte. In seinem Buch "*Les Templiers sont parmi nous, ou L'Enigme de Gisors*" ("*Die Templer sind unter uns oder Das Rätsel von Gisors*") versuchte der Amateurhistoriker de Sède zusammen mit dem Archäologen Pierre Plantard, diese These wissenschaftlich zu untermauern. Trotz solch dokumentarischer Beweisführung wurden in Frankreich jedoch Zweifel an den Schätzen von Gisors laut. Vor allem deswegen, weil Lhomoy, der als einziger den Schatz gesehen haben will, bald nach Erscheinen des Buches spurlos verschwand. [129]

Licht ins Dunkel kann nur eine genaue Untersuchung der angeblichen Räume unterhalb des Schlosses Gisors bringen. Bislang kam es noch nicht zu solchen archäologischen Forschungen.

4.6 Templer in Schottland und die Freimaurer

Schottland

Die Templer werden häufig mit Schottland und der dort entstandenen Freimaurerei in Verbindung gebracht. Ein paar Brüder des Templerordens sollen vor der Verfolgung nach Schottland geflüchtet sein und dort ihre Schätze aber auch ihr Geheimwissen in Sicherheit gebracht haben.

Schottland war Teil der Templerprovinz von England. Auf den britischen Inseln gab es für jede Region einen eigenen Meister. Diese wurden wohl von der englischen Generalversammlung des Ordens bestimmt. Über den Templerorden in Schottland ist wenig bekannt. Wahrscheinlich entwickelten sich deswegen so viele Mythen über den Templerorden in dieser Region. Bekannt ist hingegen, dass Hugo de Payens im Kontakt mit David I. von Schottland stand. David I. lud die Templer ein und stellte ihnen in der Region Midlothian, ursprünglich bekannt als Balantrodoch, Ländereien zur Verfügung. Hier war der Sitz eines von zwei schottischen Präzeptoren des Templerordens. Angeblich umgab sich David mit den Templern, um sich von ihnen beraten zu lassen. So soll er aufgrund ihrer Bera-

---

[129]http://wissen.spiegel.de/wissen/image/show.html?did=45125023&aref=image035/0 552/cqsp196248114-P2P-115.pdf&thumb=false (01.09.2012).

tung beschlossen haben, auf Kreuzzug zu gehen, was aber an der abweisenden Reaktion seiner Untertanen scheiterte. David I. soll auch geplant haben, Schottland als eigene Provinz zu etablieren. Die meisten Landschenkungen an den Orden kamen von normannischen Familien. Es finden sich auch keine schottisch stämmigen Mitglieder im Orden.[130]

Seit Mitte des 13. Jahrhunderts versuchte Schottland ein eigenes Königreich unabhängig von England zu begründen. Bis zu Beginn der 13. Jahrhunderts kamen die englischen Könige aus den Häusern Normandie, Blois und Plantagener, die in ihrer Politik dem Kontinet zugewandt waren. Erst als man sich nach und nach durch den zeitlichen Abstand von der französischen Herkunft löste, änderte sich dies. Man begann sich nach Norden zu orientieren und Verbindungen zwischen schottischen und englischen Adelsgeschlechtern zu schließen. König Edward I. von England betrieb eine konsequente Hegemonialpolitik in Britannien. Durch sein Verhalten bekam er den Beinamen *„Hammer of the Scots“*. Im Jahre 1292 setzte er John Balliol, einen Vasallen, als schottischen König ein, der sich aber 1295 zur Rebellion entschloss. Edward I. fiel deshalb im Frühjahr 1296 mit seinen Truppen in Schottland ein und brachte das Land unter seine Kontrolle.[131]

Der Widerstand wurde dadurch aber keineswegs gebrochen. Unter William Wallace und Andrew de Moray schlugen die Schotten 1297 bei der Schlacht von Stirling Bridge die Engländer vernichtend. Edward ließ daraufhin ein riesiges Heer aufstellen, das in der Schlacht von Falkirk 1298 siegte. Doch Schottland

---

[130] Evelyn Lord, The Knights Templar in Britain (London, 2002) S. 185.
[131] Konrad Schröder, Handbuch der britischen Kulturgeschichte. Daten, Fakten, Hintergründe (Paderborn, 2006) S. 78.

konnte weiterhin nicht befriedet werden.[132] Und so herrschte im Jahr 1314 erneut Krieg. König Edward II. von England befand sich nun im Kampf gegen Robert I. the Bruce, der für die Unabhängigkeit Schottlands kämpfte. Robert the Bruce entstammte dem anglonormannischen Adel und besaß im Südwesten und in Yorkshire Ländereien.[133]

Angeblich floh der Provinzmeister der Auvergne, Pierre d´Aumont, zusammen mit zwei Kommandeuren sowie fünf Rittern vor der Verfolgung nach Schottland, wo er zum neuen Großmeister gewählt und von Robert I. aufgenommen wurde.[134] Bei der Schlacht von Bannockburn im Juni des Jahres 1314 sollen die Tempelritter eine entscheidende Rolle gespielt haben.

Diese Schlacht wurde völlig unerwartet von den zahlenmäßig unterlegenen Schotten durch einen Überraschungsangriff gewonnen.[135] Waren die Templer an diesem Sieg tatsächlich beteiligt? Eine erhebliche Stärkung für die Truppen von Robert I. wären sie sicherlich gewesen, zumal sie militärisch besser ausgebildet und auch dementsprechend geübter waren als der Großteil der anderen Kampfeinheiten der damaligen Zeit.

Da aber die meisten der umfangreichen Niederlassungen in Schottland von Pächtern verwaltet wurden und sich nur wenige Brüder während der Blütezeit des Ordens in Schottland aufhielten, kann man bestenfalls von einer kleinen Zahl an Tempelrittern ausgehen, die im Unabhängigkeitskrieg gegen England kämpften. Oft wird von Kritikern auch die Tatsache, dass die Mehrheit der Ordensmitglieder in Europa im 14. Jahrhundert nur

---

[132] Konrad Schröder, Handbuch der britischen Kulturgeschichte. Daten, Fakten, Hintergründe (Paderborn, 2006) S. 78.

[133] Ebd. S. 76f.

[134] Helmut Reinalter, Die Freimaurer (München, 2010) S. 11.

[135] Michael Brown, The Wars of Scotland. 1214-1371. (Edinburgh, 2004) S. 209.

dienende Brüder und keine Ritter waren, als Beweis gegen diese Theorie angeführt.[136] Aber ein unumstößlicher Beleg, dass es keine Teilnahme von Templern im Kampf gegen die Engländer gegeben hat, ist diese Aussage auch nicht, zumal es durchaus auch denkbar ist, dass die Gruppe von Templern nicht ausschließlich aus Rittern, sondern auch zum größten Teil aus einfachen Ordensmitgliedern bestand. Im Kampf konnte schließlich jeder Mann gebraucht werden, gleich ob er nun ein Ritter war oder nicht.

Es gibt jedoch keine zeitgenössische Quelle, mit der sich diese Beteiligung der Templer an der Schlacht von Bannockburn belegen lässt. Außerdem gilt es als bewiesen, dass Tempelritter für Edward I. in Falkirk gekämpft haben.[137]

Dies würde die Theorie, dass die Templer Robert the Bruce unterstützt hätten, zusätzlich widerlegen. Es ist aber dennoch nicht undenkbar, dass die fliehenden Tempelritter die Seiten wechselten und beim exkommunizierten Anführer der Schotten Schutz suchten. Im Jahr 1361 wurde angeblich der Hauptsitz des restlichen Templerordens nach Aberdeen verlegt.[138] Von den britischen Inseln ausgehend, sollen in den folgenden Jahrhunderten das Wissen und die Traditionen der Tempelritter von den Freimaurern aufgenommen und sogar bis in heutige Zeiten bewahrt worden sein. Über den Geheimbund der Freimaurer ranken sich ebenfalls unzählige Mythen, Legenden und Verschwörungstheorien wie über den Templerorden.

---

[136] Anke Napp, Templer Mythen. Und was dahinter steckt. (München, 2010) S. 110.
[137] Marco Frenschkowski, Die Geheimbünde. Eine kulturgeschichtliche Analyse. (Wiesbaden, 2007) S. 81.
[138] Anke Napp, Templer Mythen. Und was dahinter steckt. (München, 2010) S. 106.

Freimaurerei

Um nun der vermeintlichen Verbindung zwischen den Tempelrittern und den Freimaurern nachgehen zu können, müssen wir zunächst auf die Entstehung der Freimaurerei eingehen. Zur Gründung der Freimaurerei gibt es verschiedene Überlieferungen und Legenden, die von den Mitgliedern dieses Bundes im Laufe der Jahrhunderte entwickelt wurden. Eine dieser Erzählungen ist jene, dass die Tempelritter die ersten Logen in Britannien begründet hätten. Es gibt auch Legenden, wonach die freimaurerische Tradition bis zur Erbauung der Pyramiden zurückreicht. Eine weitere Ursprungslegende geht auf die Errichtung des salomonischen Tempels zurück, der von einem Baumeister namens Hieram Abif geleitet wurde.

Als der tatsächliche und allgemein anerkannte Ursprung der Freimaurerei gelten die mittelalterlichen Bauhütten und Steinmetzzünfte. Diese entstanden im Hochmittelalter überall dort, wo die großen Kathedralen erbaut wurden. Die Bauhütte war ein Ort, der eine besondere, privilegierte Stellung darstellte. Hier wurden die Berufsgeheimnisse und die rituelle Kommunikation zwischen den freien Steinmetzen bewahrt. Hier ging auch die mündliche Unterweisung des Meisters und seiner Gesellen vor sich.[139] Die Kenntnis über die Geometrie, die Proportionen, aber auch die theologischen Grundlagen des Kathedralenbaus wurden hier praktiziert. Außerdem war den Steinmetzen die Beschäftigung mit der Bibel gestattet, was im Mittelalter ursprünglich ein Privileg des Klerus war.[140]

---

[139] Marco Frenschkowski, Die Geheimbünde. Eine kulturgeschichtliche Analyse. (Wiesbaden, 2007) S. 117.
[140] Michael Kraus, Die Freimaurer. (Salzburg, 2011) S.75.

Die freien Steinmetze unterlagen nicht dem Zwang des Zunftwesens wie ihre Kollegen, die den Häuserbau in den Städten betrieben. Sie hatten eine eigene Ordnung und waren auch keine kirchliche Institution mehr.[141] Zwischen dem 11. und 13. Jahrhundert entwickelten sich in ganz Europa eigene Steinmetzbruderschaften.

Das technische Wissen auf den Gebieten von Architektur und Statik waren enorm. In der Kommunikation zwischen den Steinmetzen spielten geheime Erkennungszeichen eine nicht unerhebliche Rolle. So diente eine spezielle Form des Händeschüttelns als wichtiges Symbol. Ohne diese Zeichen konnte man nicht ins Innere der Bauhütte und damit auch nicht in das Innere des Systems. Nur jene Personen, die aufgenommen worden waren, erhielten Zutritt. Dadurch konnte man die Werkgeheimnisse vor unerfahrenen Eindringlingen schützen. Diese geheimen Vorgänge werden von den heutigen Freimaurern nach wie vor verwendet, wenngleich in überhöhter und veränderter Form.[142]

Die Zahl der Mitglieder und Logen stieg in Europa stetig an. Als jedoch mit dem Hundertjährigen Krieg die großen Bauprojekte eingestellt werden mussten, verloren die Bauhütten zunehmend an Bedeutung.[143] Für das Fortbestehen der maurerischen Traditionen war England entscheidend. Hier nahmen die Gilden auch Nicht-Maurer in ihre Organisation auf, sogenannte *„accepted masons"* oder *„non operative masons"*. Dafür gibt es ab dem Jahr 1600 Belege. Die Aufnahme von Frauen ist ab dem 17. Jahrhundert feststellbar.[144]

---

[141] Alexander Giese, Die Freimaurer. Eine Einführung. (Wien, Köln, 2005) S. 32.
[142] Ebd. S. 33.
[143] Helmut Reinalter, Die Freimaurer (München, 2010) S. 11.
[144] Marco Frenschkowski, Die Geheimbünde. Eine kulturgeschichtliche Analyse. (Wiesbaden, 2007) S. 118.

Von England ausgehend sollte sich die Freimaurerei auf das europäische Festland ausbreiten und auch nach Amerika übersetzen. Dieser Wandel von Logen der Werkmaurer zu spekulativen, symbolischen Freimaurerlogen wurde hier vollzogen.[145] Aus den Bauhütten wurden gesellschaftliche und geistig interessierte Clubs. Die Orientierung der Freimaurer zum mittelalterlichen Rittertum, im Besonderen zum Orden der Tempelritter, geht auf den schottischen Adeligen Andrew M. Ramsay zurück. Durch ihn wurde im 18. Jahrhundert die mythische Verbindung zwischen den Freimaurern und den Templern ins Leben gerufen. Auf dieses Ideengebilde fußt auch die Legende von den Templern in Schottland.[146]

Als einer der wichtigsten Beweise einer angeblichen Wissens- und Traditionsübermittlung zwischen Tempelrittern und Freimaurern gilt die Rosslyn Chapel nahe Edinburgh. Der Bau wurde von William Sinclair, erster Earl von Caithness und Earl von Orkney, im Jahre 1446 als Gebetshaus für seine Familie in Auftrag gegeben. Die Bauzeit betrug um die 40 Jahre. Die Bautätigkeiten wurden nur im Jahr 1484 unterbrochen, als William Sinclair starb. Er wurde innerhalb des Gotteshauses begraben.[147] Die Beziehungen der St. Clair oder auch Sinclair-Familie zu den frühen Freimaurern ist gut bezeugt. Fraglich ist es hingegen, ob es auch eine Bindung zu den Templern gab.

Ein Vorfahre von William Sinclair mit demselben Namen liegt ebenfalls in der Rosslyn Chapel begraben. Auf seinem Grab findet sich die Inschrift „*Knight Templar*", die oftmals als Argument für eine solche Verbin-

---

[145] Alexander Giese, Die Freimaurer. Eine Einführung. (Wien, Köln, 2005) S.34.
[146] Anke Napp, Templer Mythen. Und was dahinter steckt. (München, 2010) S. 106-107.
[147] http://www.rosslynchapel.org.uk/timeline.php (21.08.2012).

dung angesehen wird. Diese Inschrift wurde aber vermutlich erst in späterer Zeit lange nach dessen Tod dort angebracht. Dafür gibt es Anzeichen, die eher auf ein negatives Verhältnis zwischen der Familie Sinclair und dem Orden schließen lassen. So sollen im Jahre 1309 zwei Mitglieder der Familie beim Templerprozess gegen die Brüder ausgesagt haben.[148]

Diese Theorie scheint somit widerlegt zu sein. Aber wie sieht es mit der Rosslyn Chapel aus? Finden sich hier Anzeichen auf ein Weiterleben des Templerordens? Neben den bereits erwähnten Symbolen (Tatzenkreuze und Rosetten), die jederzeit bei einer solchen Frage fälschlicherweise herangezogen werden, finden sich hier für die Verfechter dieses Templermythos zahlreiche andere vermeintliche Hinweise auf die Tempelritter.

Als ein solcher Hinweis wird beispielsweise das Bildnis eines Ritters bezeichnet, der auf einem Pferd reitet und eine Lanze bei sich trägt. Deutlich zu erkennen ist außerdem ein Kreuz auf seiner Brust. Hinter dem Ritter ist eine Person zu sehen, die ein Kreuz in ihrer Hand hält. Ist dies ein Verweis auf die zwei Aufgaben, die der Orden erfüllte? Kämpfen und Beten?

---

[148] Marco Frenschkowski, Die Geheimbünde. Eine kulturgeschichtliche Analyse. (Wiesbaden, 2007) S. 82.

Abb. 8: Die angebliche Templerdarstellung
in der Rosslyn Chapel

Wohl kaum. Es scheint sich bei dieser Abbildung um einen Verweis auf die Familiengeschichte der Sinclairs zu handeln. Der Begründer der Dynastie soll ein Stück des Heiligen Kreuzes nach Schottland gebracht haben und diese Legende könnte hier dargestellt sein. Es ist allerdings auch möglich, dass die Person mit dem Kreuz Königin Margaret darstellt, die von William im Jahre 1070 von Ungarn nach Schottland eskortiert wurde, um dort König Malcolm Canmore zu ehelichen.[149]

---

[149] http://www.rosslynchapel.org.uk/history.php (27.08. 2012).

Wenngleich es ohne Zweifel zahlreiche Hinweise für die maurerische Tradition der Familie Sinclair in der Rosslyn Chapel gibt, so muss man eine Verbindung der Kirche zu den Tempelrittern ausschließen. Auch die immer wieder angesprochene Ähnlichkeit der Grundrisse der Rosslyn Chapel und dem herodianischen Tempel in Jerusalem ist aber wohl eher als Beleg für die freimaurerische Tradition zu betrachten als für ein Fortbestehen des Templerordens.

Dass viele Bezeichnungen des Templerordens auch in die Hierarchie der Freimaurer aufgenommen wurden, ist ebenfalls kein haltbarer Beweis der Verbindung zwischen Templern und Freimaurern. Großmeister finden sich beispielsweise in zahlreichen Orden und Männerbünden und sind daher keineswegs ein Hinweis auf den Templerorden.

Zur Entkräftigung des Mythos ließe sich außerdem noch anführen, dass es sich bei der Freimaurerei nicht um einen rein christlichen Bund handelt, wie es beim Templerorden der Fall war. Um Freimaurer zu werden, musste man nur an einen Schöpfer glauben. Welcher Religion man sich angehörig fühlte, war jedoch gleichgültig. Es herrschte Religionsfreiheit. Dies gilt noch heute. So heißt es in den sogenannten „Neuen Pflichten" der Freimaurer in Österreich:

„[...] Die Freimaurerei ist keine Religionsgemeinschaft, vielmehr verfolgt die Freimaurerei ausschließlich weltliche Ziele. Religiöser Glaube soll daher Privatsache aller Brüder bleiben. Ihr sollt daher Eure neuen Brüder ohne Rücksicht darauf, ob sie sich zu einem persönlichen Gott bekennen oder nicht, in Eure Logen aufnehmen. [...] So sehr nun Religion und Weltanschauung Privatsache der Brüder sind, soll es Euch doch nicht gleichgültig sein, *welche Folgerung ein Mensch aus seiner Religion oder aus seiner Ideologie zieht, vielmehr sollt Ihr darauf achten, ob diese Forderungen im Einklang mit dem Sittengesetz stehen, auch sollt Ihr Eure Toleranz nur solchen Menschen entgegenbringen, die selbst bereit sind Toleranz zu üben. [...] Jeder Freimaurer soll sich aber zu der Religion bekennen, in der alle Menschen übereinstimmen können, nämlich zur Bewunderung der Schöpfung, zur Ehrfurcht vor dem Leben und zur Achtung der freien Individualität des Menschen. [...]"* [150]

Die Freimaurer verstanden sich nie offiziell, höchstens informell, als Nachfolgeinstitution, wenngleich die Grundlagen der Freimaurerei keineswegs kriegerisch, konservativ noch religiös geprägt sind. [151]

Der Mythos von den Templern als Begründer der Freimaurerei geht wohl hauptsächlich auf das Bemühen der Logen zurück, die Freimaurerei als eine uralte Tradition darzustellen. Sie nahmen die Templer als Vorbild, um ihren Sonderstatus gegenüber der Gesellschaft zu legitimieren. So finden sich Templerzitate in den Hochgraden der Freimaurerei seit dem 18. Jahrhundert. [152]

Diese Tradition, welche die Freimaurerei in Verbindung mit den Templern brachte nennt man auch „strikte Observanz." Heute wird diese Verbindung selbst von den Freimaurern nur noch selten bis gar nicht mehr hergestellt.

Als die einzigen belegbaren Nachfolger des Templerordens gelten allein der Johanniterorden und der Christusritterorden in Portugal. Eine geheime Weiter-

---

[150] http://www.freimaurer.at/text.php?lang=de&page=13 (31.08.2012).
[151] Reiner Maue, Über die geheimnisvollen Freimaurer. Eine historisch-semiologische Funktionsanalyse der Freimaurerei in Deutschland. (Norderstedt, 2011) S.63.
[152] Dieter A. Binder, Die Freimaurer. Ursprung, Rituale und Ziele einer diskreten Gesellschaft. (Freiburg i.B., 2006) S. 277.

führung des Ordens ist anzuzweifeln. Dasselbe gilt für den Mythos der Begründung der Freimaurerei. Maurerische Rituale könnten zwar teilweise auf templerischen Traditionen beruhen, aber diese wurden den Freimaurern nicht vom Templerorden selbst übermittelt.

5. Fazit

„Moderne Mythen gedeihen an der
nachgewiesenen Lüge"[153] *- Alfred Oder -*

Es gibt also zahlreiche Mythen und Theorien über
den Templerorden. Die meisten von ihnen lassen sich
relativ leicht widerlegen. Andere Mythen hingegen lassen sich nicht mit letzter Sicherheit klären und bergen
weiterhin Geheimnisse. Bei den Reliquien, die angeblich im Besitz der Templer gewesen sein sollen, kann
man davon ausgehen, dass es sich hierbei um Legenden
handelt, die nur auf geringen historischen Fakten beruhen. Der Mythos, der den Heiligen Gral mit den Templern in Verbindung bringt, stellt wohl eine Verknüpfung
zwischen zwei großen sagenhaften Stoffen dar. Der
Zusammenhang zwischen dem Heiligen Gral als die
Reliquie des Christentums schlechthin mit dem Templerorden als einer der berühmtesten Ritterorden scheint
eine logische Konsequenz zu sein. Ungeachtet der Frage
nach der tatsächlichen Existenz des Grals lässt sich
dieser Mythos als historisch falsch bezeichnen, wenn
sich auch letzte Zweifel nicht ausräumen lassen.

Ähnlich sieht es auch beim Turiner Grabtuch aus.
Diese ungewöhnliche Legende, die Templer hätten das
Tuch besessen oder gar selbst erschaffen, lässt sich im
Moment nur durch Berufung auf die letztmalige Unter-
suchung des Gegenstandes widerlegen. Dieses Rätsel
wird sich erst dann lösen lassen, wenn das Rätsel der
Reliquie selbst gelöst wurde und das genaue Alter des
Grabtuches festgestellt werden kann.

---

[153] http://www.zitate.eu/de/zitate?zitat_text=Mythen&autor_name=Oder&thema_id=
(05. 09. 2012).

Als gelöst hingegen kann der Mythos um den *Baphomet* gesehen werden. Die Herkunft des Wortes selbst sowie die Gründe, weshalb der Templerorden mit der Verehrung dieses Götzenbildes in Verbindung gebracht wurde, sind eindeutig feststellbar. Auch die Frage nach einer vermeintlichen Architektur sowie Symbolen, die Hinweise für Templerkirchen darstellen sollen, konnte hier weitestgehend beantwortet werden. Auf der Suche nach der Wahrheit über den Templerschatz konnte festgestellt werden, dass die Existenz jener sagenhaften Reichtümer ernsthaft angezweifelt werden muss. Ob eine Gruppe von Tempelrittern in Schottland untergetaucht ist und im schottischen Unabhängigkeitskrieg mitkämpfte, ist historisch ebenfalls nicht belegbar. Widerlegt konnte auch der Freimaurer-Mythos werden. Die Templer waren keineswegs die Begründer der Freimaurerei.

Die Geschichte des Templerordens bleibt aber trotz allem sehr faszinierend, ganz gleich, ob sie nun die Träger eines Geheimwissens oder die Behüter großartiger Schätze waren oder nicht. Die besondere Anziehungskraft des Templerordens bis in die Gegenwart liegt dennoch zu einem erheblichen Teil an jenen Mythen, die sich um ihn ranken.

Wenn auch viele von ihnen mit Sicherheit ins Reich der Sagen zu verweisen sind, bleibt dennoch hin und wieder ein kleiner Rest an Geheimnissen über, die sich durch die bisher entdeckten Quellen nicht gänzlich klären lassen und damit weiteren Stoff für Theorien und Spekulationen in sich bergen. Diese Geschichten entführen uns an unbekannte Orte und in fremde Welten.

Diese Faszination für das Ungewöhnliche machen sich allerdings auch viele Publikationen zu eigen, die nichts mit historisch fundierten Analysen zu tun haben.

Auf der ständigen Suche nach neuen Sensationen werden immer wieder Theorien erschaffen, die einer genaueren Prüfung kaum standhalten können. Diese Theorien sind meistens nichts anderes als künstliche Konstruktionen, die nur dazu dienen, die jeweilige Verschwörungstheorie zu bestätigen.

„Es wird schon einen Grund geben, dass sie zum Mythos geworden sind."[154]

---

[154] Umberto Eco, Das Foucaultsche Pendel. 21. Aufl. (München, 2012) S. 136.

6. Quellenverzeichnis

Literatur

- Dieter A. BINDER, Die Freimaurer. Ursprung, Rituale und Ziele einer diskreten Gesellschaft. (Freiburg i.B., 2006).
- Robert BOUCHAL, Gabriele LUKACS, Das geheime Netz der Templer. Wege und Spuren in Österreich. (Wien, 2010).
- Reinhard BRANDT, Mythos und Mythologie. In: Reinhard BRANDT, Steffen SCHMIDT (Hgg.), Mythos und Mythologie. (Berlin, 2004).
- Michael BROWN, The Wars of Scotland. 1214-1371. (Edinburgh, 2004).
- Walter BURKERT, Mythos. Begriff, Struktur, Funktionen. In: Fritz GRAF (Hg.), Mythos in mythenloser Gesellschaft. (Stuttgart, 1993).
- Alain DEMURGER, Die Templer. Aufstieg und Untergang. 1120-1314.(München, 2007).
- Peter DINZELBACHER, Ein geheimnisumwitterter Orden? Die Templer. (Freiburg i.B., 2002).
- Wolfram von ESCHENBACH, Das Parzival Lied, hrsg. von Emil Engelmann, (o.O., 1888).
- Peter FIEBAG, Das Grals-Geheimnis. Die Entschlüsselung eines uralten Mysteriums. (München, 2006).
- Marco FRENSCHKOWSKI, Die Geheimbünde. Eine kulturgeschichtliche Analyse. (Wiesbaden, 2007).
- Alexander GIESE, Die Freimaurer. Eine Einführung. (Wien, Köln, 2005).

- Tonio KELLER: Mythos mit Anwendungen. Eine kritische Würdigung des Phänomens Mythos in unserer Gegenwart. (Reinfeld i. Holstein, 2000).

- Bernd KOLLMANN, Das Grabtuch von Turin, Ein Porträt Jesu? Mythen und Fakten. (Freiburg, 2010).

- Karl KÖRNER, Die Templerregel. Aus dem Altfranzösischen übersetzt. (Jena, 1904).

- Michael KRAUS, Die Freimaurer. (Salzburg, 2011).

- Anke KRÜGER, Das Baphomet-Idol. Ein Beitrag zur Provenienz der Hauptvorwürfe gegen den Templerorden. In: Historisches Jahrbuch. (Bd. 119, 1999).

- Gerhard KUHNKE, Rom und das Grabtuch, Skandal in Turin. (Berlin, 2004).

- Evelyn LORD, The Knights Templar in Britain (London, 2002).

- MALTESER Hilfsdienst e.V. (Hg.), Wer ist der Mann auf dem Tuch? Eine Spurensuche. (Köln, o.J.).

- Reiner MAUE, Über die geheimnisvollen Freimaurer. Eine historisch-semiologische Funktionsanalyse der Freimaurerei in Deutschland. (Norderstedt, 2011).

- G. Ronald MURPHY, Gemstone of Paradise. The Holy Grail in Wolfram´s Parzival. (Oxford, 2006).

- Anke NAPP, Templer Mythen. Und was dahinter steckt. (München, 2010).

- Helen NICHOLSON, Love, War and the Grail, (Leiden, 2001).

- Herlinde PAUER-STUDER, Philosophie zum Lesen. (Wien, 2005).
- Helmut REINALTER, Die Freimaurer (München, 2010).
- Lutz RÖHRICH: Märchen und Mythen. In: Fritz Graf (Hg.), Mythos in mythenloser Gesellschaft. (Stuttgart, 1993).
- Jürgen SARNOWSKY, Die Templer. (München, 2009).
- Konrad SCHRÖDER, Handbuch der britischen Kulturgeschichte. Daten, Fakten, Hintergründe (Paderborn, 2006).
- Hartwig SIPPEL, Die Templer. Geschichte und Geheimnis. (Wien, München, 1996).
- Peter THORAU, Die Kreuzzüge. (München, 2004).
- Gerhard VOLFING, Auf den Spuren der Templer in Österreich. (Wien, 2001).

Internetquellen

- http://docupedia.de/zg/Mythos#Theoretische_Ans.C3.A4tze
- http://www.freimaurer.at/text.php?lang=de&page=13
- http://www.historicum.net/no_cache/persistent/artikel/7934/ (=Peter Dinzelbacher, Baphomet. In: Lexikon zur Geschichte der Hexenverfolgung. Hrsg. v. Gudrun Gersmann)
- http://www.luxinarcana.org/en/documenti/
- http://www.mythentor.de/sagen.htm
- http://www.rosslynchapel.org.uk/timeline.php
- http://www.sindone.org

- http://www.shroud.com/nature.htm
- http://www.spiegel.de/wissenschaft/mensch/templer-der-spaete-freispruch-der-ketzer-a-517509.html
- http://www.spiegel.de/wissenschaft/technik/vermeintliches-leichentuch-christi-forscher-fertigt-zweites-turiner-grabtuch-a-653524.html (aufgerufen am 06.08.2012)
- http://www.templerlexikon.uni-hamburg.de
- http://www.welt.de/kultur/history/article106151671/Professor-vermutet-Starkstrom-im-Grab-Jesu.html
- http://en.wikipedia.org/wiki/Holy_Grail#Origins
- http://www.welt.de/welt_print/kultur/article5556568/Fund-in-Israel-stellt-Fragen-an-das-Turiner-Grabtuch.html
- http://www.anomalistik.de/index.php?option=com_content&id=22&lang=de&view=article

Abbildungen

Abb. 1: Ausbreitung des Templerordens im 13. Jh.
(http://de.wikipedia.org/w/index.php?title=Datei:Templeror
den_in_Europa_1300.png&filetimestamp=20110131171952).

Abb. 2: Verbrennung von Templern aus der anonymen Chronik: „Von der Schöpfung der Welt bis 1384"
(http://de.wikipedia.org/w/index.php?title=Datei:Templars_
on_Stake.jpg&filetimestamp=20051210132146).

Abb. 3: Der Santo Caliz von Valencia
(http://commons.wikimedia.org/wiki/File:Juan_de_Juanes_0
02.jpg).

Abb. 4: Negativbild. Rechts das Original, links die moderne Kopie
(http://www.spiegel.de/wissenschaft/technik/vermeintliches
-leichentuch-christi-forscher-fertigt-zweites-turiner-grabtuch-
a-653524.html).

Abb. 5: Clemens Beutlers Bild aus dem Jahre 1655
(http://geschichte.landesmuseum.net/index.asp?contenturl=
http://geschichte.landesmuseum.net/kunst/kunstdetail.asp__
_ID=1240033940).

Abb. 6: Das Templersiegel
(http://commons.wikimedia.org/wiki/File:Seal_of_Templars.
jpg?uselang=de).

Abb. 7: Das Abraxas-Siegel
(http://causanostra.com/Einblick/Die%20Templer%20und
%20Abraxas_e1205a05.htm).

Abb. 8: Die angebliche Templerdarstellung in der Rosslyn Chapel
(http://www.rosslynchapel.org.uk/history.php).